“Jezi te mande … 

kesyon nou chak d… moun ka li e konprann pi fasil, Greg GILBERT chèche nan paj Bib la verite sou sa Jezi di sou pwòp tèt pa li. Sa se yon liv esansyèl pou kretyen yo ak moun k ap fè rechèch.”

Jim DALY, Prezidan Focus on family.

“Pi gran abilite Greg genyen se kapasite pou l di gwo pawòl nan yon langaj ki senp. Tankou liv li a ki rele: “**kisa levanjil la ye**?”li ede nou fè diferans ant vrè ak fo levanjil la, se menm jan, “**kiyès Jezi ye**?” ede nou idantifye Kris jan li prezante tèt li ak jan nou fè l daprè nou.”

***J.D. Greear**, premye Pastè nan legliz, The Summit Church Durham nan Nò kawoli n; ki ekri “Jezi k ap kontinye…Poukisa Lespri a ki andedan w lan pi bon pase Jezi a kote w.”*

“Liv sa akonpli plizyè bagay ansanm. Li mete Jezi nan kontèks tan li t ap viv la, nan yon fason moun ka fè konfyans. Epi li montre poukisa ak tout konsyans, nou pa kapab kite Jezi Selman nan tan pase sa yo. li bon ni pou moun ki poko janm panse sou Jezi, ni pou moun tou ki panse ke yo twò byen konnen l.”

*Timothy **GEORGE**, Dwayen ki fonde Lekòl Divinite Beeson; Editè jeneral kòmantè refòmasyon sou la Bib.*

“Pa gen kesyon ki pi enpòtan nan inivè a pase lè w mande:

KIYES JEZI YE? Ak yon lespri byen eklere, ak kè yon Pastè, Greg GILBERT detaye kesyon sa etap pa etap yon fason pou tout moun ka konprann li pi fasil. Menm si ou se yon novis (septik) k ap reflechi sou bagay sa yo premyè fwa, oubyen w se kretyen depi byen lontan, liv sa ap Mennen w tou dwat kote nou tout bezwen ale a ki se: Nan prezans Jezikri pou glwa Bondye."

Russell D. ***MOORE***, *Prezidan komisyon Ras yo ak libète relijyon; ki ekri liv: "Tante epi Epwouve."*

"Sa se yon liv vrèman kretyen k ap ede w konsidere Jezi ak anpil atansyon, pandan li montre politès ak respè pou Nouvo kwayan yo. GILBERT pote limyè tou nèf sou istwa moun konnen deja, li prezante bagay yo ak siyifikasyon yo. Se yon liv ki byen konpoze, li klè e li chaje ak anpil Teyoloji Biblik. Se yon envitasyon pou ou menm ki pral li liv sa, li pral ede w konnen Jezi pou kont ou."

Marc ***DEVER***, *Pastè Legliz Batis Capitol Hill, Washington DC; Prezidan 9MAK.*

"Ti liv sa pral yon gwo zouti pou Mennen moun vi n tankou Atlèt yo m ap antrene a, y ap vi n moun ki pi meveye ki te janm viv sou tè a."

Antrenè Ron ***BROWN***, *Inivèsite Nebraska Cornhuskers.*

"Men de (2) kesyon ki pi enpotan pou nenpòt moun reponn

konsènan Jezikri: "**Kiyès li ye egzakteman**?" Epi, "**kòman mwen ka gen relasyon korèk avè l**?" GILBERT abòde kesyon sa yo efektivman nan liv enpòtan sa. Depi nan vil Sezare peyi Filip, Jezi te poze disip li yo kesyon sou idantite l, jouk kounye a, pa gen lòt kesyon ki rive gen enpak etènèl konsa. Liv ki anba iliminasyon Sentespri Bondye, pote limyè pou ede moun konprann Jezikri."

Paige ***PATTERSON****, Prezidan Seminè Teyolojik Batis nan Sidwès.*

"Mwen toujou ap chèche yon ti liv klè sou lavi Jezi pou m mete nan men moun ki vrèman vle konnen kiyès li ye, ak sa li te fè. Kounye a mwen jwenn li nan: "**Kiyès Jezi ye**?" Greg GILBERT gen rezon, Istwa Jezi se pa Sèlman istwa yon bon gason, men se istwa yon moun ki ap chèche chita sou twòn li: konsidere verite klè yo ki prezante nan liv sa, epi wè ki kote yo Mennen w."

Daniel ***L.Akin****, Prezidan Seminè Batis Sidès.*

Kiyès Jezi Ye?

Greg Gilbert

Se Trip LEE, ki ekri prefas la

KIYÈS JEZI YE?

KIYÈS JEZI YE?

Pibliye Crossway/ 1300 crescebt street Wheaton, Illinois 60187.

Desen kouvèti: Matthew **WAHL**
Premye Edisyon 2015
Enprime nan peyi Etazini Damerik

Se Otè a ki te ajoute tout anfaz sou sitasyon biblik yo.

9Marks:
525 A St. Washington, D.C., USA
Amazon ISBN: 978-1975689094

Done katalòg nan piblikasyon Bibliyotèk kongrè a
Greg GILBERT, 1977
Who is Jesus? / Greg GILBERT
Pages cm.- (9 Marks Books)
Includes bibliographical references
Jesus-Christ- person and offices I- Tittle.
BT 203.G 55 2015

232-dc 23 20/40/6639

Crossway se yon ministè piblikasyon Good News publishers.
LB 25 24 23 22 21 20 19 18 17 16 15 14 13 12 11 10 9 8 7 6 5 4 3 2 1

Dedikas pou Justin, Jack, ak Juliet

Tab matyè a

CHAPIT UIT (8)

PREFAS

Eske w abitye pran yon moun nan plas yon lòt pa erè? Mwen sonje m te nan yon fèt ak pi bon zanmi m te gen an nan lekòl segondè. Apèn nou rive, nou te wè zanmi nou Nicole kanpe nan yon kwen ap respire. Lavèy, nou te pase tan ak Nicole ak zanmi li a ki ansent, kidonk nou te deside avanse pou nou salye yo. Bon zanmi m nan salye Nicole, pandan l ap anbwase l li gade vant zanmi l lan ak yon bèl souri, li mande l "kòman bebe a ye?" sèl pwoblèm ki te genyen nan sa, se te yon lòt zanmi (se pat zanmi nou te rekonèt la) e li pat ansent non plis. Mezanmi, chans pou mwen, se pa mwen ki te pale fò an premye.

Li kapab anbarasan e menm komik lè w twonpe w sou kiyès yon moun ye. Ou ka sanble yon egare, epi ou ka ofanse lòt moun, kidonk, li ta pi bon, avan w pale ouvètman ak yon moun, ou dwe sèten ke w konn kiyès li ye.

Liv ou kenbe nan men w la a pale sou fason ou ka rekonèt idantite yon lot moun, men la li pi enpòtan toujou. Lè n ap pale sou Jezi, nou nan yon kategori ki totalman diferan ak fason ou ka rekonèt ansyen zanmi nou oubyen moun ki pwòch nou. Lè nou fè erè osijè idantite Jezi, li pliske anbarasan, li trajik.

Se pou sa Greg GILBERT deklare sou do liv la : **KIYES JEZI YE?** Se kesyon ki pi enpòtan nou pa janm poze. Moun yo k ap reflechi, Novis yo, ou menm kèk kretyen ka twouve sa ridikil, men si ou kontinye li liv sa, ou va wè pouki kesyon sa si enpòtan. Asireman nou pa pral rankontre ak Jezi nan lari oubyen nan yon fèt, donk se pa Sèlman rekonèt vizaj Jezi. Se konnen kòman pou n reponn li ak tout onè ak konfyans ke l merite.

Pa egzanp, Greg ekri : "lè w kòmanse konprann an reyalite Jezi se Bondye e se li menm sèl ki gen yon relasyon konsa ak Bondye papa a, la tou ou kòmanse konprann si w vle konnen Bondye ki te kreye w la, alò ou bezwen konnen Jezi, pa gen lòt chemen ankò. "

Si Jezi te Sèlman yon jènjan tankou lòt yo, sa pa t ap fè okenn diferans pou moun konnen kiyès li ye. Men paske Jezi se pitit Bondye e sèl sovè pou mond lan, alò sa fè tout diferans lan.

Two souvan nou pran Jezi pou yon lòt moun, oubyen nou Sèlman pran l pou yon bon pwofesè. Oubyen Sèlman pou yon lòt pwofèt. Men yonn nan deskripsyon sa yo pa sifi. Kidonk nan ti liv enpòtan sa, Greg ap ede nou panse kòrèkteman sou ki moun Jezi ye reyèlman.

Mwen renmen liv **KIYÈS JEZI YE A**, paske li mande angajman. Lè m ap li l mwen kontan anpil. Li senp ase pou nenpòt moun ka li l, epi li abòde kesyon ki reyèl. Mwen renmen liv sa tou paske li ranpli ak vèsè biblik. Greg pap eseye evoke yon nouvèl fason pou moun gade Jezi. Li enterese Sèlman nan verite istorik reyèl la. Kiyès Jezi ye e poukisa li vo lapèn. Olye li koute istoryen ki pat janm wè l, Greg fikse atansyon l sou temwayaj ki te rakonte sou li, ki te wè l, e ki merite konfyans. Li fikse atansyon l sou pawòl Bondye a. Sa fè de li yon liv ki gen otorite, ki gen pouvwa pou chanje lavi moun.

Jezi te fè kèk deklarasyon radikal, e li se moun yo pale de li plis nan tout istwa limanite. Kiyès li te di li ye? Epi eske se sa li ye vre? Mwen pa konnen yon pi bon liv ki ka ede w reponn kesyon sa yo. Mwen kwè li pral beni w menm jan li beni m nan.

Trip LEE

Rapper; Pastè; Otè liv: Leve kanpe e viv nan bèl glwa Bondye a.

CHAPIT EN (1)

KISA OU PANSE?

KIYÈS OU PANSE JEZI YE?

Petèt ou pa t janm vrèman panse anpil sou sa. Nan yon sans moun ka konprann sa. Dayè n ap pale de yon nonm ki te fèt nan premye syèk la; nan fanmiy yon bòs ebenis jwif ki pa t popilè. Li pa t janm okipe yon pòs politik, li pa t janm dirije yon nasyon, li pa t non plis janm dirije yon lame, ni tou l pa t janm rankontre ak yon anperè Women. Okontre, pandan twa lane edmi nonm sa, ki se Jezi te senpman anseye moun yo la moral ak bagay espirityèl, li te li e eksplike pep jwif la kèk liv jwif, epi tou si temwen ki te wè l yo rakonte sou lavi li bagay moun ka kwè, li te fè an menm tan bagay ki pa òdinè. Men la ankò, Jezi te rankontre opozisyon otorite nan epòk li a, e kèk tan aprè l te kòmanse ministè piblik li, plizyè gouvène nan pwovens lavil Wòm te manke kloure l sou yon kwa_se te yon chèf ki t ap dirije moun nan anpil pwovens Women an ak anpil otorite.

Met sou sa, tout bagay sa yo te rive depi de (2) mil lane. Donk, poukisa nou kontinye pale de li? Poukisa moun pa ka evite nonm Jezi sa a konsa?

BAY JEZI YON CHANS

Kèlkeswa opinion pèsonèl yon moun kapab genyen sou Jezi, nou tout kapab dakò ke Jezi te yon gran pèsonaj nan istwa mond lan. Gen yon istoryen moun respekte anpil ki prezante enfliyans Jezi konsa: "Si l te posib, ak yon kalite gwo leman, pou retire nan istwa chak ti mòso metal ki pote tras non l (JEZI), konbyen ki t ap rete?"[1] Sa se yon bèl kesyon, e asireman repons la se, "pa anpil!"

Men se pa sèlman nan istwa tan lontan ou pa ka pa pale de Jezi nan yon sans. Ou paka evite l nan yon fason ki pi pre nou anko. Panse sou sa: asireman ou gen o mwen yonn (1) ou de (2) moun pa w ki ta va di yo se kretyen. Petèt yo konn al legliz regilyèman e yo chante chan ki pale sou Jezi ou gen ki menm pale ak Jezi. Si w pran yon ti tan pou w pale ak yo, yo ka rive di w ke yo genyen relasyon ak li, e nan yon fason ou yon lòt, lavi yo regle daprè li. Pa Sèlman sa, kapab genyen plizyè kay legliz nan vil kote w ap viv

(1) Jareslav Pelikan,Jesus throught the centuries:this place in the History of culture (yale University Press,1999),1.

la. Kapab gen pami ki se pi gran kominote ki resevwa plis moun chak dimanch. Gen lòt kay ki pa legliz ankò. Men nenpòt kote w voye je w ak atansyon, ou ka wè kèk bagay ki fè w sonje nonm sa ki te viv sa gen anviwon de (2) mil lane. Epi tout bagay sa yo fè nou mande: ki moun li ye?

Se pa yon kesyon ki fasil pou reponn, prensipalman paske nou pa t chèche fòme yon konsansis nan tout sosyete nou an, sou kiyès Jezi te ye vrèman....oubyen kiyès li ye? Pa gen anpil ki doute sou egzistans li toujou. Anpil moun dakò sou evènman de baz nan lavi li tankou: ki kote ak kilè li te mouri. Menm pami moun ki rele tèt yo kretyen, genyen anpil dezakò sou siyifikasyon lavi ak lanmò li. Eske l te yon pwofèt? Yon pwofesè? Yon bagay totalman diferan? Eske li se pitit gason Bondye a, oubyen se senpleman yon nonm ekstraòdinè? Epi nan domèn sa: kiyès li te panse li ye? Lanmò li anba men Women yo, eske sa te fè pati plan an, oubyen eske se paske l te nan yon move kote nan yon move lè? Alò genyen kesyon sa ki pi gwo pase tout lòt yo: aprè yo te fi n egzekite l, eske Jezi te rete mouri menm jan ak lot mò yo, ou.... Non?

Pou tout dezakò, malgre tout moun sanble dakò sou yon sèl bagay: Jezi te yon nonm ekstraòdinè. Li te fè e li te di bagay lòt moun pat janm fè, ni di. Plis ankò, pawòl Jezi te di yo pa t S èlman bèl pwovèb osinon bèl pawòl moral. Non, Jezi te di bagay tankou: **"Mwen ak Papa a (li vle di Bondye) nou fè yon sèl" epi "si ou**

wè m se Papa a nou wè." E, petèt pawòl ki plis choke moun nan se: **"Pèsòn pa ka al jwenn Papa a si l pa pase pa mwen."**[2]

Eske w wè sa m vle di a? moun òdinè pa pwononse kalite pawòl konsa! Bondye ak mwen fè yon sèl? Pèsòn pa ka vi n jwenn Bondye si l pa pase pa mwen? Sa se pa anseyman moral ou ka deside antre nan lavi w ou non. Sa yo se revandikasyon. Sa se Jezi k ap di sa li kwè ki se laverite.

Evidamman, kounye a, ou kapab pa aksepte sa li di. Ou kapab rejte l konplètman. Men, panse sou sa: Eske l pa ta fè sans pou w chèche konnen nonm sa enpe anvan w voye jete sa li di sou ou? M ap pèmèt mwen fè w yon demand, puiske ou pran liv sa pou li l: Bay Jezi yon chans. Petèt pandan w ap aprann plis bagay sou li, ou va rive reyalize gen vrèman kèk bon rezon pou moun kwè nan sa li te di, sou li menm, sou Bondye, ak sou nou.

KI KOTE W ALE POU W APRANN KÈK BAGAY SOU JEZI?

Kidonk.....kòman w ka rive konnen yon jennòm ki te viv sa gen plis pase de (2) mil lane? Menm si w ta kòmanse ak kwayans nan rezireksyon, se pa tankou si nou ka fwape nan pòt syèl la epi chita ak Jezi bò kote yon tas kafe. Donk, **ki kote pou w ale pou w aprann konnen Jezi?** Anpil liv istwa pale sou egzijans lavi, lanmò,

(2) Jan 10:30; 14:6

e menm rezireksyon Jezi, se la ou ka jwenn yonn (1) oubyen de (2) enfòmasyon sou li. Men pifò nan dokiman sa yo chaje ak pwoblèm. Dabò, anpil nan [3]dokiman sa yo te ekri byen ta_pafwa se aprè plizyè santèn lane aprè Jezi. Sa lakoz yo pa vrèman ede nou konnen kiyès Jezi te ye reyèlman. Se pa Sèlman sa, men pi fò nan dokiman sa yo, menm si la yo ki pi bon, yo pa di anpil bagay sou li. Nan prekosyon pou yo pa nan pwoblèm, yo Sèlman mansyone Jezi san yo pa bay anpil detay. Tout fwa, genyen yon kote nou ka twouve anpil enfòmasyon sou Jezi_anpil pawòl byen detaye se moun ki te wè l, ki te tande l epi yo rapòte sa l te di, sa l te fè, ak ki moun li te ye. Se nan Bib la.

Kounye a pran yon segond avan w fèmen liv sa. Mwen konnen gen moun ki fè bak lè yo fè mansion Bib la, paske yo panse "liv sa se pou kretyen yo Sèlman li ye," se poutèt sa, yo panse ke li initil pou yo ka jwenn bon enfòmasyon ladan l. Si se sa w panse, kwè ou pa kwè lè sa m ap di ou nan mwatye adwat la. Nan reyalite a Bib la se liv kretyen yo. San dout dokiman ki konpoze Nouvo Testaman an ki se dezyèm pati nan Bib la, te ekri pa moun yo ki te kwè nan sa Jezi t ap di, e yo te kwè tou nan dokiman Ansyen Kontra yo, e yo t ap tann vini sa ak anpil enterè. Yo tout te kwè. Men anpil te nye l. men sa pa vle di ke moun sa yo te gen yon pwogram diferan. Panse sou sa. Kisa petèt ki te pwogram pa yo a? fe yon non pou tèt

(3) NOTE????

pa yo? Fè lajan? Devni chèf ki gen anpil pouvwa, ak yon legliz ki rich anpil? Nou ka di tout sa nou vle sou sijè sa, men mwen kwè si se sa yo te vize, alò plan sa echwe nan yon fason espektakilè. Kèk nan moun yo ki te ekri dokiman Nouvo Testaman yo te konnen ke yo ka pèdi lavi yo pou bagay yo te gen pou di sou Jezi. Malgre sa yo te kontinye ap rakonte.

Ou wè pwen sa? Si objèktif ou pandan w ap ekri yon bagay ki korèk se pou fè wè w, pou w ka vi n popilè oubyen pou w ta vi n rich, aprè sa ou ta gade w pa rive atenn objèktif sa, aprè tout teyat sa yo pa rete anyen pou w ta pèdi tèt ou. Sèl fason pou istwa ta kenbe w nan sikonstans sa, se si Sèlman nan objèktif la ou te rakonte sa ki nan pase a jan l ye a. Se sa nou genyen nan Bib la, yon koleksyon temwayaj moun ki te kwè nan sa Jezi te di, e ki te ekri liv pou yo te ka bay yon deskripsyon korèk de sa l te ye, sa l te di ak sa l te fè. Kounye a, **kòman ou ka rive konnen Jezi?**

Pi bon fason w ka fè sa se: li tout dokiman ki pale sou li, sa vle di se lè w ap li Bib la. Kounye a, kretyen yo kwè nan Bib la plis pase yon koleksyon ki gen pi bon enfòmasyon yo sou Jezi ak sou fason nou ka rive jwenn li. Yo kwè l se pawòl Bondye, sa vle di, se Bondye menm ki kondui moun sa yo pou te ekri sa l te vle di, pou tout sa yo te ekri te ka yon verite moun dwe aksèpte san kondisyon. Petèt ou ka deja devine sa, men mwen se yon kretyen tou, e mwen kwè nan tout sa Bib la rakonte.

Petèt pon sa ka twò lwen pou ou nan moman sa. Se byen, menm si w pa kwè Bib la se pawòl Bondye, dokiman ki ladan l yo se ankò yon kesyon de istwa. Yo se ankò ekri moun sa yo ki te gen entansyon pou yo bay bon jan eksplikasyon klè sou Jezi. Se konsa, si pa genyen lòt bagay, ann apwoche konsa kounye a. Poze yo kesyon, li yo nan fason kritik ak anpil prekosyon menm jan w te ka fè pou tout lòt dokiman istorik yo. Mande tèt ou: "Eske m kwè se yon verite, ou non?" tout sa mwen mande nou, se abòde dokiman sa yo san patipri. Pa kite yo tonbe senpleman nan yon bwat ki make **"Tenten Relijye"** ak desizyon ki soti nan kòmansman an, yo dwe komik, primitiv, ak fo.

Gade moun ki te ekri dokiman Nouvo Testaman yo, se te moun entèlijan yo te ye. Yo te moun ki abite e menm sitwayen nan peyi ki pi puisan sou tout planèt tè a. Yo te li filozofi ak literati ke n ap li e etidye Jodi a nan lekòl nou yo. (An reyalite, si w se yon moun tankou m, gen posibilite pou yo te li liv sa yo ak anpil atansyon epi yo te panse nan fason ke nou pa janm fè!) ki bagay anplis, yo te konn fè diferans ant sa ki reyèl ak sa ki fiksyon. Yo te konnen sa ki verite ak sa ki mansonj, epi yo te konprann kòman bagay sa yo te ka ede yo fè diferans ant sa ki istwa ak sa ki verite a. An reyalite Ekriven yo nan Nouvo Testaman an te diferansye bagay yo pi byen pase jan nou abitye fè. E se sa nou reyalize lè n ap li sa yo te ekri, se sa yo te kwè yo te ekri sou Jezi. Yo te etone, men yon te kwè, e yo te vle ke lòt yo kwè tou. Yo te ekri nan lespwa moun yo te li sa yo t ap di, aprann konnen Jezi jan yo te konnen l, e rive reyalize ke se li yo kwè epi fè konfyans.

Se sa mwen espere, ti liv sa pral ede w aprann konnen Jezi atravè premye ekri kretyen yo. Nou pa pral travay paj aprè paj sou Nouvo Testaman an, olye nou fè sa, nou pral itilize tout sous yo pou n eseye konnen Jezi menm jan ak moun ki t ap swiv li yo. Dabò kòm yon moun ekstraòdinè ki te fè bagay moun pat janm espere, men aprè yo te vi n pran konsyans byen rapid "ke bagay ekstraòdinè sa yo pa menm kòmanse dekri l." Men yon Nonm ki te fè tèt li pase pou yon pwofèt, yon Wa, yon Bondye, yon Nonm moun ki t ap asiste yo te ka fè l pase kòm yon moun ki pèdi tèt li, yon chalatan si l pa t fè bagay ki pou soutni revandikasyon l yo. Epi li gen fason li te trete moun sa yo yon fason yo pat janm panse - li te gen konpasyon pou depòte yo, an kòlè kont puisan yo, e lanmou pou moun yo pa renmen yo. Anwo tout bagay sa yo, malgre revandikasyon sa yo Jezi pat aji tankou yon Wa, yon Bondye. Lè yo te ofri l yon kouwòn li te refize l, sa te fè disip li yo wè kiyès li te ye reyèlman, li te pale sou fason otorite yo ta pral kloure l sou yon kwa aprè yon ti tan kòmsi l te yon kriminèl. Men aprè sa ankò li te pale tankou tout sa ki te ekri yo se te yon pati de plan li pandan lontan. Ti pa, ti pa, lè y ap gade l ak lè y ap koute l disip Jezi yo te vi n kwè ke l te pliske ekstraòdinè. Li te pliske yon Pwofesè, yon Pwofèt, yon Revolisyonè, yon Wa. Yonn pami yo te menm rive di l yon jou lannwit: **"Ou se Kris la pitit Bondye vivan an."**[4]

Kesyon ki pi enpòtan ke w pral janm panse.

Kounye a, se **KIYÈS JEZI YE?** Se te toujou kesyon sa. Pou moman sa bèje yo te prezante pou konfime nesans li, te gen yon Anj ki te anonse yo nesans sa, yon lòt fwa li te etone disip yo lè l te kalme lanmè a, e nan jou lanmò l la solèy la te sispann klere, tout moun t ap mande: **"KIYÈS NONM SA YE?"**

Petèt ou vi n nan liv sa san ou pa konnen gran bagay sou Jezi, sa ka rive ke w ka deja konnen kèk bagay sou li. Kèlkeswa jan sa ye, mwen espere pandan w ap li e kontanple vi li ansanm, w ap kòmanse konnen Jezi pi byen. Se pa tankou yon sijè akademik ou relijye, men tankou yon nonm premye kretyen yo te konnen pèsonèlman tankou yon zanmi. Mwen espere ke w ap wè sa ki te etone li, e mwen espere ke w ap vi n yon mwayen pou konprann poukisa plis pase yon milyon moun ap di: **"Se ak nonm sa mwen fè konfyans pou letènite m."**

Pi lwen pase sa, mwen espere tou ke liv sa pral mete w an defi pou w pran trè serye deklarasyon Jezi yo. Lè yon moun di l se Bondye, ou Sèlman gen de (2) chwa, ou kapab rejte demand

---

(4) Matye 16:16

lan, konsa tou ou kapab aksepte l. Sa w pa dwe fè pou lontan, se sispann jije, men jis gade jan sa ap fèt. Jezi te reklame bagay ki etonan sou li, e sou ou menm tou, menm si w vle, menm si w pa vle, sa gen enplikasyon radikal sou lavi w. mwen espere ke liv sa ap motive w pou reflechi sou Jezi l ap ede w wè revandikasyon ak enplikasyon yo pi klè e l ap ede w jwenn yon repons kòrèk a kesyon sa: "**KIYÈS JEZI YE?**" Vrèman se yon kesyon enpòtan ke n dwe anvizaje.

CHAPIT DE (2)

YON NONM EKSTRAÒDINÈ, E KI SÈTEN

Li te 8 tè 10 minut nan maten se te yon Vandredi, lè yon nonm aparans òdinè te monte eskalye nan yon estasyon Tren okipe nan Washington DC, te apiye nan yon miray e louvri yon valiz li te gen nan men l yon vyolon. Li retire enstriman an, li te ansyen, do vyolon an te dekale kèk kote jis rive nan manch lan, e li tounen pou l ka resevwa sa yon moun k ap pase te bay li. E l te kòmanse jwe.

Pandan 45 minut aprè yo, pandan l t ap jwe yon koleksyon mizik klasik, plis pase mil sitwayen nan Kapital Washington te prese. Sou tèt yonn (1) oubyen (2) li te kontante l apresye son an, men pat gen pyès foul ki te antoure l. yon kamarad ki konprann ke l te ka mache Sèlman twa (3) minut pou rive nan travay li, se konsa li apiye kò l sou yon poto e koute egzakteman pandan twa (3) minut. Sitou nan tan n ap viv la moun yo kontante yo plis nan regle biznis yo, li jounal, koute radyo, prese pou ale nan tout randevou ki parèt sou ti ekran yo.

O! mizik la te bon. Li ranpli tout espas la, danse e koule ak yon presizyon ou pa ta janm kwè, e nan pita li te kite kèk moun ap reflechi pou kèk segond ankò yo te fè atansyon, li te vrèman sonnen tankou yon bagay èspesyal. Mizisyen an limenm pa t sanble ak mizisyen tradisyonèl yo - mayo manch long koulè nwa, kaskèt baseball Washington national_men menm si w pa ta gen tan pou rete koute , sa pa anpeche w santi se te yon bagay ki diferan de sa lòt mizisyen yo te konn abitye fè pou chanjman pòch yo. Kòm yon mizisyen, nèg sa a te dwòl anpil. Gen yon nonm aprè ki te fè kòmantè sa: **"Gen kèk moun, yo jwe mizik, men yo pa santi sa y ap jwe a. nèg sa danse e li deplase nan sans mizik la."** Si w t ap koute, li te di: **"ou ta kapab di nan yon segond ke nèg la te bon."**[1]

Ebyen, mwen kwè w kapab. Paske se pa nenpòt mizisyen ki t ap jwe vyolon sa nan vandredi maten nan estasyon Tren an. Se pat menm yon mizisyen ki te Sèlman ekstraòdinè. Se te Joshua **BELL**, yon granmoun trant nèf (39) lane ki jwe nòmalman nan tout plas ki pi selèb nan mond lan, ak gwo foul moun ki respekte

(1) GeneWeingarten, "Pearls Before Breakfast," The Washington Post, April 2007. (Gene Weingarten, "pèrl yo avan dejene a," The Washinton Post, avril 2007.

l anpil. Non Sèlman sa, maten an **BELL** te jwe yon mizik bawòk yonn nan sa ke l pa t janm rive ekri, e li te fè l sou yon vyolon Estravarius kite gen twa san (300) lane. Ki koute twa pren senk (3.5) milyon dola anviwon.

Tout sèn lan te kalkile pou l te ka bèl: pi bèl mizik ki pa t janm ekri a, te jwe sou yon enstriman ki te byen fabrike pa yonn nan gran mizisyen ki te gen anpil talan.

PLISKE EKSTRAÒDINÈ

Tèlman lavi se konsa, pa vre? Nan tout ajitasyon nan travay, nan fanmiy, zanmi yo, bòdwo e nan divètisman, bagay tankou bote ak grandè anpil fwa soti nan lespri nou. Nou pa t genyen tan pou apresye l paske sa oblije nou pran tan kanpe epi fè atansyon ak kèk lòt bagay ki pi ijan. Sa se mem verite a pou jezi. Gen kèk nan nou, se swa nou pa konnen l ditou, men nou pa konnen vrèman sèlman sou sifas la. Petèt ke nou konnen kèk nan istwa ki pi selèb sou sijè sa, oubyen nou kapab site kèk nan pawòl ki popilè yo. San okenn dout, nan epòk sa te gen yon bagay ki te atire atansyon moun sou jezi. Li te yon nonm ekstraòdinè. Men, si w vle vrèman konnen Jezi, konprann li se rive konnen siyifikasyon reyèl la, ou ka gade yon ti kote ki pi difisil. Nou dwe ale pi wo nan fason nou abitye reflechi, mòso son ki sanble ak istwa abityèl yo pou wè sa ki genyen pi wo sifas la. Paske tankou vyolonis ki gen an tren an, se ap yon erè grav pou n rejte Jezi sèlman tankou yon nonm ekstraòdinè. Ann onèt. Menm si w pa yon moun ki "relijye", menm si w pa aksepte kounye a ak lide Jezi se pitit Bondye ou byen se Sovè mond lan, ou dwe admèt ke l te atire anpil moun. Li te fè bagay ki te atire je moun kontanporen yo, li te di bagay ki te fè yo sezi de sajès li e menm konfwonte yo nan yon fason ki kite yo chèche alantou yo. Yon fason pou bay yon sans ak tout sa yo.

Nan premye gade a li te ka parèt fasil pou konfonn Jezi ak yonn pami anseyan relijye yo ki te gen pou vini an, yo leve, yo tonbe epi yo disparèt nan tout Jerizalèm nan premye syèk la. Ansèyman nan epòk sa pa t menm ak sa nou gen Jodi a. Wi, moun yo koute pou konpran, pou konprann pi byen pawòl la e pou aprann viv yon vi ki dwat, men kwè ou pa kwè, yo koute tou ansèyman relijye yo pou pran plezi yo tou. Aprè tout, si w pa genyen fim, nan televizyon ak nan telefòn, kisa w fè pou w pran plezi w? Ou ale nan yon joune oubyen w al koute yon predikatè!

Sa ka parèt etonan, li ede nou konpran tou kòman Jezi te eksepsyonèlman bon kòm yon anseyan. Paske moun peyi Israyèl nan premye syèk la te konn tande anpil pwofesè, e se te souvan, yo te gen opinyon sou yo ki te klè tou menm jan ak nou sou aktè sinema yo. Pou pi senp yo pa t enpresyone fasil. Konsa, li ta vo lapèn pou kanpe nan remake sa ki te pase reyèlman lè bib la di plizyè fwa ke moun yo te "sezi" Pa fason Jezi t ap anseye.

Deklarasyon enkwayab sa parèt nan levanjil yo. Kat (4) resi sa yo nan bib la sou lavi jezi - pou pi piti dis (10) fwa.[2] Men yon egzanp, ki ekri pa Matye aprè Jezi te fi n anseye sou montay la: "Lè Jezi te fi n pale pawòl li yo, foul moun yo te sezi pou fason li t ap anseye a, paske l te anseye tankou yon moun ki te gen anpil pouvwa men li pa t anseye tankou eskrib yo te konn fè l.[3] Pa manke chèche isit la! Moun te di eskrib wòl yo se te anseye ak otorite – pa t kapab briye menm jan ak Jezi ni ak ansèyman li yo. E se te konsa tout kote li te ale chak fwa li t ap anseye."

Pafwa emosyon an te dekri nan mo diferan. Gade premye reyaksyon lè l te preche nan vil li te fèt la :"tout moun te pale byen de li e yo te kontan, anpil bèl pawòl t ap soti nan bouch yo."[4]

Epi me kòman sa te pase nan yon ti vilaj pechè ki rele kapènawòm: "yo te sezi akoz ansèyman li yo, paske l te anseye tankou yon moun ki te gen anpil pouvwa." [5]

Lè l retounen nan vil li te fèt la: "anpil moun ki tande l etone e di: kote nonm sa resevwa bagay sa yo? Ki sajès ki bay li yo?[6]

Epi nan gran èspektak nan tanp Jerizalèm lan: "prensipo sakrifikatè ak eskrib yo tande l e te krent li, paske tout foul moun yo te sezi pou fason li tap anseye."[7]

---

(2) Matye 7:28; 13:54; 19:25; 22:33; Mark 1:22; 6:2; 7:37: 10:26; 11:18; Lik 4:32
(3) Matye 7:28-29
(4) Lik 4:22
(5) Mak 1:22
(6) Mak 6:2
(7) Mak 11:18

Plizyè fwa, reyaksyon Jezi te pran fòm yon enkredilite boulvèsan.[8] Nan yon kilti ki te wè ansèyman tankou yonn nan prensipal fòm divètisman piblik yo, Jezi te resewa anpil kritik ekstraòdinè!

POUKISA YO TE SEZI KONSA?

Men pou kisa? kisa ki pa t abitye fèt ki te atire atansyon yo sou ansèyman Jezi yo? Yon pati nan sa te fèt yon fwa lè moun yo te kòmanse vle pyeje l, lè yo t ap poze l kesyon, Jezi te pwouve yo ke l te yon jwè echèk ki gen anpil metriz. Li te senpleman refize pran nan pyèj pawòl k ap soti nan bouch yo oubyen sa ki nan lespri yo, e li toujou reyisi nan mete presyon sou moun ki premye lanse defi a. E menm lè sa, li te fè l nan yon fason, li pa t wè sèlman genyen agiman men pou defye tout moun k ap koute l espirityèlman tou. Ki te m montre w yon ekzanp.

Matye 22 rakonte yon tan kote Jezi t ap anseye nan tanp Jerizalèm nan epi yon gwoup lidè Jwif te apwoche kote l pou pyeje l. Se pa t yon rankont san planifikasyon. Paske dirijan sa yo te planifye tout bagay; Istwa a kòmanse menm pandan y ap di farizyen yo "te planifye kòman yo ta pral poze l kesyon yo". Yo te vle fè l tou devan tout moun, se konsa yo t ap mache pandan Jezi t ap anseye nan tanp la, petèt yon gwo foul moun te ka pouse l, epi deranje l. Yo te kòmanse ap flate l. "Mèt, nou konnen w se yon vrè

(8) Gade tou Matye 13: 54; 22:22, 33

Mèt k ap anseye chemen Bondye a, ak verite, e ou pa etone pou sa moun ap di, paske aparans moun pa deranje w". Ou ka wè sa y ap fè la. y ap eseye fòse Jezi reponn si li pa fè sa l se yon chalatan ak yon chalatanis.

Se konsa, sou plato a, yo poze l yon kesyon: "Di nou kisa w panse: eske lalwa pèmèt moun peye Seza lajan kontribisyon ou non?"[9] kounye a, kesyon sa dwe pran yon bon tan pou byen devlope, paske l pa t pale de sa nan pawòl li te konn di yo. Yo te gen yon plan pou pyeje Jezi yon fason ou yon lòt, pou mete fen nan enfliyans li yo e petèt menm fè arete l. Men kòman: nan jou sa, opinyon ki te domine nan mitan farizyen yo, e li te anseye tou pèp la pou montre yo se pa yon peche lè w bay tout sa w genyen ak taks, a yon gouvènman etranje. Pou fè sa, yo te panse yon bagay ki dezonore Bondye. Panse sou sa: Kòman farizyen yo te vle Jezi reponn kesyon yo? Pou l ta va dakò piblikman ak yo, ke peye taks, ta yon bagay ki ilegal epi ki dezonore Bondye ou non? Pou verite yo pa t pran swen pou konpran jan l te reponn. Nan tout sans, yo te panse ke yo te gen rezon. Yon kote si Jezi di: "wi, se yon bagay legal pou peye taks", foul moun yo t ap fache epi enfliyans Jezi te gen an t ap bese. Men yon lòt kote, si l te di: "Non nou pa dwe peye taks", kounye a li ta pral leve kòlè Women yo, yo t ap di piblikman

(9) Matye 12:15-17

se yon konplo, e lè sa yo te ka menm arète lè sa tout enfliyans li te genyen tap fini. Nenpòt fason, se sa farizyen yo te vle - yo tap tann pèlen pou yo fini ak Jezi, men Jezi te epanye pyèj la, lè l te retounen tout kesyon yo bay yo menm ankò li te ki te tout ankò nan sezisman.

"li di : Montre m yon pyès lajan nou konn peye taks, epi yo te bay li yonn. Jezi gade l, e li lonje l bay foul la pou mande yo non ak pòtrè kiyès ki sou li, yo te reponn, anperè Tibè Seza. Ebyen se pa l li ye paske li genyen foto l sou li, e pèp jwif la te kontan anpil pou yo te itilize lajan sa yo pou pwòp benefis pa yo. Malgre tout sa, pou kisa yo pa t al remèt Seza sa ki pou li yo? Jezi te di: "bay Seza sa ki pou Seza, bay Bondye sa ki pou Bondye.[10]

E poutan, Bib la di Jezi te vini pou defini ankò fason pèp Jwif la ta dwe panse sou relasyon yo ak Women yo, yo te meprize ansèyman Farizyen yo nan menm moman an. Tout fwa, ou tranche, li pa t sèlman dezonore Bondye, nan tout sans bay Seza sa ki pou li a te yon bagay li te merite.

Men gen yon lòt nivo nan sa Jezi di tou, e sa ki kite pèp la nan sezisman pwofon sa. Reflechi sou kesyon Jezi te poze a lè l te montre fou l moun yo pyès lajan an. Li te mande : Pou kiyès lajan sa ye? E lè yo te reponn ke se pou Seza, Jezi te pran sa tankou yon prèv ki klè. Se te imaj Seza ki te sou pyès lajan an sa vle di se

(10) Matye 22:19-21

pou Seza l te ye, se pou sa ou dwe bay Seza sa ki pou Seza. Men lòt repons ou dwe konnen se pou bay Bondye sa ki pou Bondye. Sa vle di, ou dwe bay Bondye sa ki nan imaj li, ki pi wo a, e kisa l ye egzakteman?

Tout moun nan foul la, mwen kwè te konnen imedyatman. Jezi te pale sou (Jenèz 1:26), kote Bondye te anonse pwojè l genyen pou kreye limanite lè l te di: "m ap kreye lòm pòtre ak mwen, menm jan ak mwen...Bondye te kreye lòm pòtre ak li, se te pòtre l menm li te kreye". Ou wè? Bondye te pale ak pèp la, bagay ki pi enpòtan pase filozofi politik la. Li te di tou, tankou pòtre Seza ki sou pyès lajan an, pòtre Bondye reflete nan kè w ak nan tout ou menm. Se pou sa, ou se pou li, gen kèk glwa Seza jwenn lèw rekonèt se pòtre l ki sou pyès lajan an. Men glwa ki pap janm fini an e ki pi gran an, bay se lè w konnen ou gen pòtre Bondye andedan w, nan kè w, nan lespri w, nan m ou ak fòs nou pou li ?

Mwen èspere ou kapab wè sa Jezi t ap di ak moun ki t ap koute l yo. Sa te pi enpòtan pase tout diskisyon filozofi politik oubyen relasyon yon peyi ak yon lòt peyi, men sa se kesyon relasyon tout moun ak Bondye. Jezi te anseye ke se Bondye ki kreye nou tout, li kreye nou pòtre ak li e nou sanble ak li, se poutèt sa nou se moun pa l e nou responsab devan l. Se konsa, Jezi di: "nou dwe bay Bondye sa ki bon, Bondye pa vle anyen an mwens ke tout ou menm.

PÈSON PAT JANM FÈ BAGAY TANKOU LI.

Li pa etonan pèp la te sezi pou tande fason Jezi t ap anseye a. Nan kèk fraz, li te reyisi retire tapi konpetisyon yo e bay yon lòt definisyon ak Teyoloji politik ki tap domine nan jou sa, e an menm tan, li te rann pi klè rezon ki fè moun egziste. Fòm ansèyman sa yo te sifi pou mennen foul moun yo nan syèl. Men te genyen mirak tou. Te gen anpil anpil moun ki te wè mirak sa yo, ak pwòp je yo Jezi te fè bagay okenn moun pa t ka fè : li te geri moun ki malad yo; li te fè dlo-a tounen diven e tout moun te anvi bwè l; li te fè kokobe yo leve mache ankò; li te fè tèt moun fou yo dwat ankò; li menm resisite moun ki te mouri. Se pa paske moun nan tan sa te dwat non sou bagay sa yo. Wi yo te viv lontan, men sa pa vle di yo te primitif, ni movè. Yo pa t renmen mache pou al wè mirak chak jou. An reyalite, se poutèt sa chak fwa, ou li yon fraz nan bib la, wap wè yon lòt gwoup te etone pou sa ki sot pase a. Moun yo te sezi wè Jezi kap fè bagay sa yo. Plis ankò se paske anpil nan yo t ap eseye fè tèt yo pase tankou yon gouwou relijye, Jwif yo nan premye syèk la te genyen kapasite pou idantifye charlatan yo. Yo te mèt wè ilizyon majisyen yo, yo sèlman sekwe tèt yo pandan y ap ri, yo t ap elwaye yo de yon lòt gason ki t ap eseye fè yon bagay pou fè kwè se yon "mirak". Dènye bagay ou te ka di moun sa yo se te moun fou.

Men Jezi te etone kontrèman ak lòt yo, nonm sa te vrèman ekstraòdinè. Lòt mesye yo te rale lapen soti nan chapo. Nonm sa te gen anpil moun, menm lè yo te fatige fizikman e yo te bezwen dòmi. Li te pran senk (5) pen ak (2) pwason e bay senkmil (5000) moun manje, e moun sa yo te devni senkmil (5000) temwen ki te wè evènman sa. Li te kanpe bò kote yon nonm ki te paralize pandan lontan, e li te di l leve mache e nonm nan te mache. Li te kanpe sou tèt yon kannòt e pi li di lanmè a fè silans e li te obeyi. Li kanpe devan tonb yon moun ki te mouri depi kat (4) jou, e li te rele l pou vin jwenn li, e nonm nan te obeyi li te soti nan tonb kote l te kouche a.[11]

Pèsòn pa t janm konn fè bagay konsa.

Jamè.

Epi moun yo te etone anpil.

TOUT BAGAY FÈT POU YON REZON

Men, menm lè sa te gen plis ankò. Si nou vrèman fè atansyon, si nou te depase sezisman tout bagay sa yo, nou t ap kòmanse poze kesyon ki pi pwofon pou mande poukisa Jezi te fè tout bagay sa yo ? ou t ap kapab konprann ke tout te fèt pou yon rezon.

Ou wè, nan chak mirak li yo, ak nan chak mesaj li yo Jezi te fè, li te fè remak sou tèt pa l, lòt moun pat janm fè avan. Pran kòm egzanp mesaj ki pi selèb Jezi yo, mesaj sou montay la nan liv MATYE 5-7. Nan premye kout je a, li preske sanble ak yon kous

(11) Matye 8:24-27; 14:13-21; Jan 11:43

moulen, moralis yo t ap viv tankou sa, men pa tankou diskou sa ki di:"Pa fè sèman; pa fè adilte; pa gen gwo kè; pa fè kòlè." Men gade ankò, w ap reyalize "kijan yo konpòte" pa t pwen fò yo ditou. Se pou sa mesaj sou montay la se sijè prensipal Jezi fè yon revandikasyon odasye pou montre ke l gen dwa entèprete lwa Izrayèl yo nan Ansyen Testaman an, pou di sa yo vle di, e poukisa yo plase yo an premye! Se pou sa Jezi te di ankò nan mesaj la: "Nou te tande ke sa te deja di....men Mwen di nou."[12] Anfaz la mete sou li. Jezi te fè yon deklarasyon radikal ke l se avoka lejitim nasyon pèp Izrayèl la. Gade ankò kilè l te fè deklarasyon an: li te fè eksprè fè l pandan l sou montay la, yon fason pou pèp Izrayèl la te toujou sonje moun ki te bay gwo lwa sa yo (se te BONDYE) li te bay pèp li a nan Ansyen Testaman an lè l t ap pale anwo Mòn nan![13] Ou wè? Jezi deklare tèt pa li ak yon pouvwa mayifik ke pèsèn lòt moun pat janm fè.

Lè sa a te gen sa li te di devan tonb lan, yon moun ki te mouri lakay Mat, men kisa l te di Mat. "**Frè w la pral resisite**." Mat te apresye nouvèl sa, li te di mwen konnen l gen pou l resisite nan jou rezireksyon an"nan yon lòt langaj lit e ka di: wi, wi mwen konnen; Mwen di w mèsi pou kalite santiman w yo, paske yo trè rekonfòtan nan moman difisil sa. Men li pa t konprann sa Jezi te vle di. Li te ka plis sezi si Jezi te di konsa: "Non mwen vle di

---

(12) Matye 5:21-44
(13) Exòd 19:16-20

w ke l gen pou l resisite aprè kèk minut, lè mwen di l."Men li di plis anko: "Mwen se rezireksyon, *mwen se lavi a*".[14] Si n pa mache dwat n ap manke sa! Li pa t sèlman jis, *mwen ka bay lavi*, paske mwen se lavi a menm.

Vrèman, ki jan de moun sa k ap di bagay sa yo? Ki jan de moun k ap tande zanmi l k ap di ak anpil krent "Ou se Kris la pitit Bondye vivan an" e li te repon li "egzatkteman, Se Bondye menm ki di w di sa". Ki jan de moun tout chèf yo tap mande" Eske w se Kris la, pitit ki merite louwanj lan?" E li te reponn yo: "Se mwen menm, e pitit lòm nan chita a dwat tou puisan an, l ap vini sou tèt nyaj ki nan syèl la!"[15]

Pa gen yon moun odinè, wi! Pa gen pèsòn ki vle yo konnen l tankou yon gwo pwofesè, ou pou onore l tankou yon bon moun, oubyen pou yo toujou sonje l kòm yon gwo filozòf ki popilè. Non, yon moun ki pale de tèt li konsa, reklame yon bagay ki pi gran e pi ki gloriye nan mond la. Se egzatkteman sa Jezi te fè, pou moun yo te ka suiv li. Li te deklare ke li se Wa pèp izrayèl la ak tout mond la.

(14) Gade tou Jan 11:23-25
(15) Gade Matye 16:16-17; 26:63-64

CHAPIT TWA (3)

WA IZRAYÈL, WA TOUT WA YO

Se William Shakespeare nan lane 1597, te tande Wa Henri IV ap plenyen sou devwa yon Wa gen pou akonpli. Wa a t ap kriye konsa. "Konbyen fwa mil nan moun ki pi pòv nan wayòm mwen an, ap dòmi kounye a?"[1] Li avanse pou l mande tèt li poukisa madanm somèy viv nan vye kay kraze yon pòv, olye l viv nan pale yon wa, e pi kòman li ka fe kado repo ak yon kanotye lanmè ap vire a dwat a goch, pandan li refize bay repo ak yon Wa ki nan tout konfò li an silans." Henri reponn byen fo : "Li pa fasil pou repoze yon tèt ki pote yon kouwòn!"[2]

---

(1) William Shakespeare, The History of Henry IV, Part2, act 3, scene 1. (*William Shakespeare, Istwa Anri IV la, pati 2, ak 3, sèn 1.*)
(2) *Ibid.*

Pasaj sa nou trouve nan liv Shakespeare yo atire atansyon anpil moun paske li gen yon iwoni ladanl. Wa te sipoze genyen tout bagay. Yo rich e yo gen pouvwa; yo gen lame pou proteje yo, bèl palè pou abrite yo, e yo gen anpil sèvitè pou okipe tout zafè yo. Ki moun ki pa ta vle sa? Men si w konnen istwa, ou konnen Henri gen rezon. Olye lavi yon Wa pote plezi ak fasilite, li souvan pote anpil difikilte ak laperèz, ak foli. Lè w fi n gen kouwòn nan kounye a se pou w pote l sou tèt ou, e plizyè gran Wa te rive reyalize two ta konbyen li difisil e danjere pou kenbe kouwòn nan.

Men pou tout bagay sa yo, m panse ou ka di gen yon lòt kalite moun, tèt yo pi difisil pou repoze pase tèt yon Wa - sa se moun k ap deklare yo se Wa menm si pa gen pèsòn ki rekonèt yo kòm Wa. Listwa toujou pini moun k ap di yo se Wa e poutan se pa vre. Wi, se yon chans tou piti ki genyen pou moun monte sou twòn kòm Wa, men se anpil moun ki nan mas pèp la. Siw se yon moun ki panse w ta dwe Wa, ou ka rive Sèlman di "mwn regrèt" e pi w kontinye viv. Li posib pou w santi w ap pèdi tèt sa ou te gen entansyon poze kouwòn sou li a.

Yonn nan bagay ki te fè lavi Jezi si kaptivan se paske li te fè chòk ak otorite ki tap dirije nan epòk li t ap viv la. Li te yon pòv chapantye ki fèt nan yon ti vilaj andeyò, kote anpil moun pa t konnen, nan nò peyi Izrayèl, li te ka twouve tèt li nan dezakò non sèlman ak chèf ki t ap dirije pwòp peyi li a, men ankò ak otorite Women yo ki t ap domine tout rejyon an. Sa sèlman sifi pou di nou, nou pa sèlman gen afè ak yon senp pwofesè relijyon, yon moun ki te gen kèk bèl pwovèb sou lavi a e kòman pou viv li non plis, nou pa gen afè ak yon filozòf moral oubyen yon saj ki konn prensip bòn konduit. Non, pandan yo pandye Jezi pou imilye l epi renye l sou kwa Women an, yo te ekri sou tèt li rezon ki fè yo krisifyel la - sa te pase nan betiz e li menm e nasyon jwif la –"Nonm sa se Jezi, Wa Jwif yo"[3]

Istwa jezi-a, se pa sèlman istwa yon bon moun, se istwa yon moun ki vle vi n Wa.

TWÒN IZRAYÈL LA, PA VID ANKÒ.

Daprè sa Bib la di, Jezi te kòmanse ministè piblik li jou li te batize nan rivyè Jouden an, se yon nonm moun yo te konnen sou non Jan ki te batize l. Pandan plizyè mwa, Jan t ap preche moun yo repanti de peche yo (sa vle di vire do bay peche) paske, daprè sa l te di, Wayòm Bondye a, sa vle di, gouvènman Bondye sou tè a, te "tou prè."[4] Sa vle di, Bondye t apral montre Wa li chwazi a, e pèp la te vrèman bezwen prepare l pou resevwa Wa sa. Jan te mande moun yo, pou yo batize nan dlo rivyè a pou montre yo repanti, sa te senbolize netwayaj yo anba tout peche ak tout enjistis. Sa gen gwo siyifikasyon lè Jezi aksepte batize nan fason sa, nou va panche sou sa pita. Kounye a, li enpòtan pou w note, lè Jan Batis

(3) Matye 27:37
(4) Matye 3:2

wè Jezi ap mache vi n jwenn li, li kwè imedyatman se sou moun sa li t ap preche depi si lontan an. Li di: "Gade, sou li m t ap pale lè m te di, gen yonn k ap vini aprè mwen, li pi gran pase m, paske li te la avan m."[5]

Men sa ki enpòtan an: Jan te konnen lè a te rive, pou Wayòm Bondye a etabli sou tè a. Se tout mesaj li a sa. Alò, li te idantifye Jezi kòm Wa pou Wayòm sa. Plis ankò, se pa t Sèlman kwayans Jan. daprè Jezi li menm, Jan se te dènye nan pwofèt Ansyen Testaman yo, se aboutisman yon liy moun ki te travay pandan plizyè syèk pou atire atansyon nasyon yo sou vrè Wa a Bondye te gen pou voye sove yo anba peche. Alò, Jan deklare lè a rive. Wa a vini.

Petèt ou tande sa k te pase aprè sa . Bib la di, lè Jezi soti nan dlo a aprè batèm li, "Lespri Bondye desann sou li tankou yon pijon epi li vi n poze sou li. Epi yon vwa soti nan syèl la e di: "Si_la se pitit mwen renmen anpil la, mwen jwenn tout plezi m nan li."[6] Siyifikasyon bagay sa se pa sèlman nan pijon an, ou menm nan vwa tout moun gen rezon konprann se vwa Bondye. Siyifikasyon an se plis nan sa vwa a te di a. Jan sa toujou ye nan Bib la, preske chak mo li chaje ak siyifikasyon, pafwa, yon mon ka siyifi plizyè bagay. Men gen yon detay an patikilye ki parèt lè konsa. Ak mo sa yo: "Sa se pitit mwen renmen anpil la," Bondye t ap mete sou tèt

(5) Jan 1:29-30
(6) Matye 3:16-17

Jezi ansyen kouwòn nasyon Izrayèl la. Jezi te antre fòmèlman nan fonksyon l kòm Wa Jwif yo.

Kòman nou fè konn sa? E byen, ekspresyon "PITIT BONDYE," yo te konnen l an Izrayèl kòm tit Wa Izrayèl, e se te konsa depi nan epòk Ansyen Testaman. Nou twouve pawòl sa anrasine nan delivrans pèp Izrayèl la nan esklavaj peyi Ejip. Lè Bondye te tande jan izrayelit yo t ap priye l pou l vi n delivre yo anba men Ejipsyen yo, li te menase Farawon, wa peyi Lejip la konsa: "Izrayèl se premye pitit gason m, e mwen di w, kite pitit gason m lan al fè sèvis mwen."[7] Sa se yon deklarasyon ki montre jan lanmou li genyen pou pèp Izrayèl la fè l an kolè pou sa pèp li a t ap sibi. Li te mete yo apa kòm yon pèp diferan pami tout nasyon sou latè. Bondye t ap fè Farawon konprann li pare pou l goumen pou Izrayèl paske l renmen yo, se te pitit gason l.

Plizye ane aprè sa, yo te vi n rele Wa Izrayèl yo "Pitit gason Bondye." Pou n pale de Wa David ak eritye l yo, Bondye te di: "Mwen va yon Papa pou li, e li va yon pitit pou mwen."[8] Senbòl sa enpòtan anpil, yo rele Wa Izrayèl la: "Pitit gason Bondye - menm jan ak nasyon an - paske li menm sèl, li reprezante tout nasyon an, nan je Bondye, Wa a reprezante e li ranplase pèp la, konsa si yon bagay rive l kòm yon moun, yo ka di li rive tout nasyon an. Nan sans senbolik sa, Wa a se Izrayèl menm."

---

(7) Exòd 4:22-23
(8) 2 Samyèl 7:14

Lè w konprann sa, ou ka wè gwo siyifikasyon pawòl Bondye te di lè Jezi t ap batize a. Wi li t ap dekri relasyon Papa a ak Pitit ki te egziste ant li menm ak Jezi, men li t ap deklare tou, Jezi antre fomèlman nan travay li kòm reprezantan pèp li a, reprezantan yo, e menm chanpyon ki ka goumen pou yo.

Jezi te toujou konnen fonksyon Wa a te rele l pa l. Men wi, li te souvan di moun yo pa di pèsòn sa, epi yon fwa li te menm refize pou moun yo kouwone l kòm wa. Men se pa t ditou paske l te rejte fonksyon Wa a, se paske l te konnen ke l ta pral Wa tout lòt Wa yo nan yon fason diferan ak sa moun yo te vle l ye, e t ap tann li ye. Li te gen pou pran kouwòn sa nan fason pa l, se pa nan move revolisyon pèp la.

An reyalite, Jezi ta pral aksepte aklamasyon l kòm Wa, lè pèp la ta konprann reyèlman sa l t ap aklame a. Matye 16 pale de yon nuit lè Jezi te apèn soti nan yon konfwontasyon ak chèf Jwif yo, li te mande disip li yo, kiyès foul moun yo te di li ye. Te gen anpil repons. "kèk moun di ou se Jan Batis, lòt di ou se Eli, lòt ankò di ou se Jeremi oubyen yonn nan pwofèt yo", se sa disip yo te reponn. Aparaman, Jezi te tèlman fè moun sezi, pèp la te kwè fòk li se te yon mò ki leve. Kèlkeswa sa pèp la te panse, Jezi te plis enterese nan sa disip yo te panse de li. Konsa li mande yo: "Men nou menm, ki moun nou di mwen ye?" kesyon sa te mare pye yo, epi se yon Nonm yo rele Simon ki te pale an premye. Li di: "Ou se Kris la, pitit gason Bondye vivan an."

Mwen panse Simon te vle di plis ke sa anreyalite, men, omwen, li t ap aklame Jezi kòm Wa Izrayèl. "Ou se si la Bondye vide lwil sou tèt li a (se sa "Kris" vle di nan lang grèk la), pitit gason Bondye a, Wa-a! Epi ki repons Jezi te bay? Li te aksepte aklamasyon an, e li selebre!: "Ou se yon moun beni, Simon [pitit gason Jonas!]" Se sa l te di. Se pa chè ak san ki revele w bagay sa, men se Papa m ki nan syèl la. Simon - Jezi te chanje non l imedyatman li rele l Pyè – te reyalize sa Jezi deja konnen sou li mem se vrè Wa Izrayèl la sa.[9]

Nan Lik 19, nou jwenn yon lòt istwa sou Jezi - sèlman yon semèn avan yo egzekite l sou kwa a – li te deklare klèman, an piblik li se Wa. Jezi ak disip li yo, ta pral Jerizalèm pou fèt pak la. Nòmalman te gen plizyè milye moun nan vil la semèn sa, paske pou tout ane a, se te pi gran fèt Jwif yo. Pandan y ap vini pi prè vil la, Jezi voye kèk nan disip li yo devan nan yon ti vilaj ki rele Bètfaje, e li te di yo demare yon bourik ki t ap tann yo. Bib la di Jezi chita sou ti bourik la epi li kòmanse vwayaj pou soti Bètfaje rive Jerizalèm, ak yon gwo foul moun ap swiv li, men sa k te rive aprè:

Pandan l ap pwoche, li gen tan rive sou wout ki desann mòn Oliv la, tout foul moun ki t ap suiv li a kòmanse rejwi e louwe Bondye byen fò pou tout gran travay yo te wè, yo t ap di: "Benediksyon pou Wa ki vini nan non Senyè a! Lapè nan syèl la, e glwa nan kote ki pi wo a!"[10]

---

(9) Matye 16:13-20
(10) Lik 19:37-38

Pifò moun nan foul la te louvri rad yo a tè, epi gen lòt ki koupe branch bwa e louvri yo a tè sou wout la. Epi foul moun yo ki t ap mache devan l e dèyè l t ap rele: "Ozana pou Pitit David la! Benediksyon pou si la ki vini nan non Senyè a! Ozana nan kote ki pi wo a!"[11]

Tout sa te chaje ak siyifikasyon. Non sèlman pèp la tap balanse branch bwa, e louvri rad yo sou wout la devan jezi - yon siy pou montre yo soumèt devan Wa a - men tou yo t ap rele l Wa, e yo deklare l eritye David! Sa ki pi rèd ankò, yo t ap chante ansyen chan pèp la te konn itilize pou salye Wa yo a, lè l t ap pwoche bò tanp la pou ofri sakrifis.[12]

Tout evènman sa te ka fè yon spektak, e Jezi te fè l pou atire atansyon moun. Lè kèk Farizyen tande rèl pèp la, e yo te konnen sa yo t ap di, yo te fache, e yo te plenyen bay Jezi. Yo di: "Mèt, fè disip yo fèmen bouch yo non." Eske w wè sa otorite tanp lan t ap fè? Yo te vle pou Jezi dakò ak[13]yo jan pèp la t ap rele nan fason pou aklame Wa-a pat apropriye; yo te vle di l ke l pa yon Wa. Men Jezi pa t fè sa. Li te reponn yo: "M ap di nou sa si moun sa yo fè silans, menm wòch yo va pran rele."[14] Pa gen tan ankò. Lè a te rive, e Wa a t ap antre nan kapital li.[15]

---

(11) Matye 21:8-9
(12) Sòm 118:26
(13)
(14) Lik 19: 39-40
(15)

Twòn Izrayèl la ki te vid pandan anviron Sis San lane (600), pa t vid ankò.

YON WA REYÈL SOU YON TWÒN REYÈL AK YON ISTWA REYÈL.

Li difisil Jodi a, pou nou byen sezi tout siyifikasyon sak t ap pase lè Jezi antre nan vil Jerizalèm sou zannimo nan jou sa. Mwen panse nou gen tandans pou n kwè pèp ki te antoure Jezi a t ap sèlman fè yon fòm demonstrasyon pou relijyon yo a, bagay yo ta pral bliye lè finalman yo ta retounen nan bon sans yo epi rantre lakay yo. Men moun sa yo pa t ap pwoklame yon chèf relijyon ki pretann li kapab Wa. Yo t ap pwoklame yon wa reyèl ki ta pral chita sou yon twòn reyèl ak yon istwa reyèl.

Nasyon Izrayèl la, pa t toujou genyen wa. Nan kòmansman istwa li, lè nasyon an pa t vrèman plis pase yon gran fanmiy, se yon seri patriyach ki te dirije l, aprè se te yon komite pwofèt ak jij Bondye te leve yonn aprè lòt pou dirije e pwoteje yo. Menm lè sa te rive izrayelit yo te mande Samyèl pwofèt-dirijan yo a pou l chwazi yon Wa pou yo. Samyèl pa t dakò e li te fè yo konnen tout mal yon wa ka pote pou yo, men pèp la te ensiste, e Bondye te ba yo yon Wa. Monachi Izrayelit la te rive kote ki pi wo pandan rèy David, yon jèn gason gadò mouton ki soti nan vilaj Bètleyèm ke moun te sezi wè Bondye chwazi l pou dirije nasyon an. Paske se Bondye ki t ap beni, e gide David, li te grandi an Izrayèl jiskaske finalman li te pran twòn nan bò lane 1000 avan Jezi Kri. Li te reyini douz (12) tribi Izrayèl yo anba yon sèl kouwòn, li te gen viktwa sou tout nasyon ènmi yo, li te rive pran Jerizalèm, e li fè l tounen kapital Wayòm lan. Met sou tou sa, [16]Bondye te pwomèt li ta pral etabli dinasti David la pou tout tan.

Yo tèlman fè sonje David kòm pi gran pami Wa Izrayèl yo, yo rive rele pozisyon an "Wayote Davidik la"e chèz li a: "twòn Davidik la". David pou kont pa l te yon gran gèrye, yon mizisyen abil, yon saj, e menm yon powèt li te ekri plis pase mwatye nan kantik yo ki nan liv Sòm Izrayèl yo, e jis kounye a, yo sonje l kòm yon modèl pou lafwa l ak dwati l. Sa pa vle di David te bon nèt – okontre! - men li te gen yon lanmou pwofon pou Bondye, li te konn rekonèt ak tout kè l lè l antò, lè l nan bezwen, e li te gen konfyans Bondye va gen mizerikòd pou li, e padone peche l yo. Bib la menm rive anrejistre Bondye deklare David: "Yon Nonm daprè pwop kè li".[17]

Lè David te mouri vè lane 970 avan Jezi Kri se pitit gason l Salomon ki te ranplase l sou twòn Izrayèl la. Rèy Salomon an te menm pi bèl pase rèy Papa l nan plizyè fason, tout omwens nan kòmansman. Izrayèl te grandi anpil nan richès ak enfliyans, e li te sanble l t ap jwi laj dò li. Salomon te mouri aprè l te fi n reye pan-

(16)
(17) 1 Samyèl 13: 14

dan Karant lane, aprè sa monachi Izrayelit la tonbe nan dezòd. Yon gè sivil divize nasyon an de (2) Wayòm diferan - Izrayèl nan Nò ak Jida nan Sid - epi

kèk syèk aprè, yo te wè Wa tou de (2) Wayòm sa yo febli nan idolatri ak gwo mechanste. Yonn, nan Wa nan Nò yo, Akaz te menm rive boule pwòp pitit gason l tou vivan kòm sakrifis pou yon fo dye payen.

Nan tout bagay sa yo, Bondye te voye plizyè pwofèt pou avèti Izrayèl ak jida pou yo vire do bay peche yo epi tounen vi n jwenn li. Bondye te di: si yo fè sa, li t ap padone yo e restore yo kòm yon nasyon. Sinon, se jijman ak lamò ki t ap swiv yo, yonn nan yo pa t repanti. Donk vè lane 700 avan Jezi Kri, anpi Asiryen ki te gen anpil pisans te anvayi Izrayèl Wayom nan Nò a, e yo te Mennen pèp la an egzil. Jida, Wayòm Sid la te kenbe toujou pandan plis pase yon syèk, jiskaske Nebika-dneza Wa Babilòn nan te anvayi Jerizalèm nan lane 586 avan Jezi Kri, li te detwi vil la ak tanp la. E pi li te depòte moun yo ale Babilòn. Menm wa Davidik la te kaptive anba men anvayisè yo, yo pete de (2) je l, yo pase yon kwochèt nan nen l, yo Mennen l Babilòn kote, pou tout rès vil, yo te envite l manje sou tab Nebikadneza. Detay sa ka parèt bèl, men se te mwens yon onè pase yon imilyasyon. Wa Davidik Izrayèl nan lè sa pa t lòt bagay ke yon avèg, epav ki depan de lanperè Babilòn nan.

Kòm ane yo t ap pase, menm aprè Anpi Pès la te bat Babilonyen yo, e alò Grèk yo te ranvèse Pèsan yo, epi Women yo vale Grèk yo, Izrayèl pat janm reyisi retabli endepandans la sou twòn li. Li te rete yon pèp lòt nasyon ap oprime, e domine, pandan Sis San (600) lane twòn Davidik la te rete vid san yon moun chita sou li.

Poutan, li pa t rete san espwa. Sa se paske atravè katastwòf divizyon, bès ak tonbe plat atè a, pwofèt yo te kontinye anonse yon tan le Dinasti Davidik la va restore. An reyalite yo te di Izrayelit yo, yon jou, Bondye va voye yon Wa ki va chita sou twòn David la pou l dirije pèp la ak jistis ki bon nèt. Li va ranpli ak Lespri Bondye a menm, li va atire kè nasyon yo pou yo adore Bondye sèlman, li va reye pou tout tan ak sajès, konpasyon, ak lanmou. Non sèlman sa, Bondye te pwomèt twòn David la pap sèlman yon twòn nasyonal. Li va gen yon otorite inivèsèl, e tout pèp sou tè a va vini Jerizalèm pou peye Wa Izrayèl la, taks, li menm ki va Wa tout Wa yo.[18]

Tout pwofesi sa yo dwe parèt ridikil, lè Izrayelit yo ap gade Wa yo, yonn pa yonn, ap tonbe nan mechanste ak anba jijman Bondye. E yo te dwe sanble yon bagay kriyèl, lè dènye Wa nan fanmiy David la t ap mande mizerikòd jis Babilonyen yo te pete de (2) je l yo. Men si pèp la te koute pwofesi yo ak atansyon, yo t a deja wè

(18) konsilte Ezayi 9; 11; Miche 5.

Wa pwofèt yo te di Bondye te pwomèt la, pa t sanble Sèlman yon lòt moun ki ta sèlman chita sou twòn nan epi l mouri, li te sanble yon bagay ki plis anpil pase sa.

An reyalite, si yo te koute, yo ta tande Bondye yo a pwomèt pa sèlman li ta voye yon Wa pou Izrayèl, men li ta vini li menm pou se li ki Wa yo a. Gade sa profèt Ezayi di sou nesans gran Wa sa:

Paske gen yon Wa ki fèt pou nou

yo ban nou yon pitit gason,

E gouvènman an va poze sou zepòl li.

Pa gen anyen la ki tèlman remakab, pa vre? Sa ka konsène nenpòt Wa. Men kontinye li toujou:

E yo va rele l konseye mèvèye, Bondye ki gen puisans, Papa ki la pou tout tan, prens ki bay lapè. Gouvènman li a pap janm fini, E li va chita sou twòn David la e sou gouvènman li a pou l etabli l e pou l mentnil Ak jistis ak dwati depi tan sa e pou tout tan![19]

O! Sa se pa yon Wa odinè. Pa gen yon Wa òdinè ki ka reye "depi tan sa, e pou tout tan". Pa gen Wa òdine ki gen yon gouvènman ki grandi san fen. Okenn wa òdinè pa ka tande yo rele l, tout o mwens ak yon vizaj tou dwat, tankou konseye mèvèye, Papa ki la pou tout tan, prens Ki bay lapè. E sa ki pi rèd ankò, pa gen yon moun, kit li Wa kit li pa Wa, ki kapab

(19) Ezayi 9:6-7

pote ak rezon, non Bondye ki gen pouvwa. Pa menm yonn, pa vre eksepte … Bondye

JE GRAN LOUVRI EPI LESPRI PLEN AK KRENT…

Mwen toujou ap imajine Simon Pyè k ap di pawòl sa yo: "Ou se Kris la, Pitit gason Bondye vivan an"- li pale tou ba, jel yo gran louvri, e lespril plen ak krent. Ou wè, mwen panse tou sa te mache ansanm pou li. Wi, Wa tout tan yo te rele "Pitit Bondye", e tout moun te panse sa sèlman yon tit. Men se pa sa, se te fason pou Bondye te montre sak te gen pou vini, e montre pwòp entansyon l pou l chita li menm sou twòn David la. Ekzakteman jan pwofèt yo te di a, gran Wa a ta dwe "Pitit Bondye" pa sèlman kòm senbòl, pa sèlman nan yon tit, men nan reyalite Bondye li menm li ta pral wa a.

Se sa Pyè t ap reyalize. Moun sa ki chita anfas li a se Wa a, Kris la, sila ki chwazi nan pèp Izrayèl la, e konsa tit li "se pitit Bondye a". Men tou li se pitit Bondye a, pa sèlman Wa Izrayèl la, men Wa tout wa yo.

Pyè te reyalize, Nonm sa se BONDYE.

CHAPIT KAT (4)

GRAN "MWEN YE" A ...

Se pa chans, lè Pyè te panse Jezi se Bondye. Sonje, li te ak Jezi pandan plizyè mwa, ap gade kòman l ap fè mirak, geri moun ki pa t ka geri lòt jan, e menm resisite moun mouri. Evènman sa yo ta dwe sifi pou emèvèye nenpòt moun. Men alò, gen lòt moman ki fè tèt moun travay - moman kote, menm mond natirèl la limenm sanble bese tèt pou salye grandè Jezi. Yonn nan okazyon sa yo se te tou prè kòmansman ministè piblik Jezi, pawòl ki soti nan bouch nonm sa te ka geri malad, e chase demon, donk anpil moun te kòmanse rasanble bò kote l. Jezi te trete yo ak pasyans ak jantiyès, li pase anpil èd tan ap chase move lespri yo, e geri moun anba maladi yo. Men jou sa, Jezi te fatige. Li t ap geri moun e li t ap travay pandan plizyè èd tan sou rivaj lanmè galile a, epi li wè yon gwo foul moun k ap vi n jwenn li, li ak disip li yo ale nan kannòt yo a, epi yo fè vwal pou lòt bò lak la. Jezi ak disip li yo te abitye anpil ak lanmè galile a. Yon bon pòsyon nan ministè ansèyman ak gerizon l te dewoule sou platfòm pou vilaj lapèch ki te antoure l yo, e kèk nan disip li yo - tankou Pyè - te abitye fè lapèch la anvan Jezi te rele yo vi n swiv li. An reyalite, lanmè galile a pa gran. Se pa vrèman yon lanmè, men se yon lak dlo dous. Tout alantou li mezire Trant Sis mil 58 kilomèt konsa. Men yonn nan karakteristik li se sa, li chita preske Sèt San Pye (700) anba nivo lanmè, e pi li gen yon seri ravi n fon ki sèvi kanal pou gwo van vini ladan. Konsa menm jan moun konnen li gen anpil pwason, lanmè galile a te konn genyen gwo tanpèt ki ka frappe l regilyèman e sa avètisman. Se san egzakteman ki te rive nan jou sa, kèk èd tan aprè Jezi ak disip li yo te fi n fè vwal. Pandan y ap avanse nan mitan lak la, kote yo paka fè bak ankò, yon gwo tanpèt leve. Sanble sa pa t yon ti tanpèt. Matye, yonn nan disip yo ki te la, e ki te konn wè tanpèt pandan tout vi li, ekri "Se te yon gwo tanpèt" sa te vrèman vyolan li anplwaye mo Grèk Seismos pou l dekri l.[1] Sa pa t sèlman yon tanpèt, Matye vle nou konn sa. Se te yon tranbleman tè sou dlo! Kidonk, ak van k ap soti nan ravi n yo antre nan lak la, disip yo te twouve yo sou yon ti bato, ajite adwat agòch e pi anpil gwo van ki prèske kouvri yo nan mitan yon lanmè vyolan.

(1) Matye 8:24

Evidaman mesye yo te pè anpil. Se te yon reyaksyon natirèl, ti kannòt la te ka fasilman kraze e pi chavire, e pèsòn pa t ap janm tande pale de yo ankò. Donk yo te efreye. Yon lòt kote, Jezi li menm, li pa t pè. Li t ap dòmi dèyè bato a. Nòmalman, disip yo te kouri al jwenn li, yo reveye l e yo di l: "sove nou, seyè, n ap peri." Byen, sa se mo Matye anrejistre yo. Mak di se te: "Mèt eske sa pa di w anyen lè n ap peri"? E nan liv Lik la yo di: "Mèt! Mèt! N ap peri!"[2] Anreyalite gen anpil bagay ki t ap di nan moman sa, men yon sèl bagay ki parèt ase klè : disip yo te konnen yo nan pwoblèm. E yo te vle Jezi fè yon bagay pou sa.

Kounye a, ann rete istwa a la, pou yon ti moman, paske li enteresan pou n wè yo ale kote Jezi ak pwoblèm nan, pa vre? Men, kisa mesye yo te vle Jezi fè egzakteman. Mwen pa kwè yo te gen yon plan. Disip yo te tèlman wè Jezi fè gran bagay, yo te kwè li Kapab fè yon bagay la. Men yon lòt kote, li klè pa gen yonn nan yo ki di "Mesye ann ret dousman paske Bondye ap dòmi dèyè a" Donk petèt yo te vle l pwoteje yo yon fason pandan tanpèt la ap fè ravaj, ou byen pou l fè bato a voge pi vit, oubyen transpòte l lòt bò lanmè a nan yon ti moman. Ou pa janm konnen! Men sa ki klè, pandan yo t ap tann li fè yon bagay, yo pa t janm panse li t ap fè sa l fè a.

---

(2) Matye 8:25; Mak 4:38; Lik 8:24

Ann tounen nan istwa a. Disip yo panike, yo kouri reveye Jezi dèye bato a, epi li fè yon bagay ki absoliman etonan. Li leve chita, petèt li pase men l nan Je l, e pi li pale ak yo: "Poukisa nou pè, ala nou manke lafwa?"[3] Mwen kapab sèlman mande tèt mwen si yonn ou de nan disip yo - èspesyalman Pyè - te tante pou di: "Poukisa nou pè? W ap bay blag!" Men, pa gen yonn ki pale, e Bib la di Jezi kè poze, leve kanpe e "reprimande" Van an ak lanmè a: li di: lapè! Rete trankil!"[4]

A la yon mo ki ka fè nou sezi! Li "reprimande" yo, tankou yon papa k ap korije pitit li. Eskew te janm eseye reprimande van, oubyen rete sou tèt yon tanpèt? Ou ta kapab menm jan tou ale bo lanmè a eseye fè yon siklòn tande rezon sou tout bon bagay pou l fè, e pi la Bib di lè Jezi di tanpèt la pou l rete trankil, li te fè sa. Mak ekri: "Van an bese e pi te gen yon gwo kalmi." Tout disip sa yo te konn wè avan, kòman tanpèt ap fini, menm si se byen vit. Men sa pa t janm pase menm jan ak sa, menm lè kèk fwa van an konn rete soudènman, dlo a t ap kontinye fwape menm pou kèk moman anvan li poze nèt. Men fwa sa, van ak vag yo rete e kite yon kalmi ki rive eksprè. Disip yo kanpe tou sezi, tout moun ap gade ak etonman – yonn gade lòt, yo gade Jezi, yonn gade lòt ankò. Bib la pa di finalman kiyès ki poze kesyon an, men mwen ka parye lòt yo bese tèt yo, oubyen yo sekwe tèt yo an silans, e

(3) Matye 8:26
(4) Mak 4:39

pi yonn ap di lòt tou sezi: "mezanmi, ki moun Nonm sa ye, pou menm van ak lanmè obeyi l?"[5]

YON BAGAY KI PI GRAN ANPIL PASE YON WA.

M ap mande m si Pyè t ap sonje jou sa lè l te reponn kesyon Jezi a pou l di, "Ou se Kris la, pitit Bondye vivan an"[6] kèk moun panse Pyè pa t di anyen ki pi profon pase rekonèt Jezi wa lejitim Izrayèl la. Se te yon deklarasyon politik, daprè sa yo di, e anyen anplis. Men mwen pa panse li posib pou se sa. Men poukisa, dènye fwa disip yo te rele Jezi "Pitit Bondye a" se te presizeman paske l te fèk fè yon lòt bagay ki te voye l monte pi wo pase yon Wa. Se pa sa sèlman, men tou se yon bagay Pyè èspesyalman te ka sonje byen.

An reyalite, sikonstans yo te sanble anpil ak lè Jezi te kalme tanpèt la. Disip yo te nan yon bato, yo t ap fè vwal pou ale lòtbò lak la, epi menm jan ak dènye fwa a, van yo kòmanse soufle e vag yo kòmanse frape sou bato a. tout sitiyasyon an ta sanble menm bagay ak premye a eksepte yon sèl gran diferans: fwa sa, Jezi pa t la.

Nan jou sa menm, Jezi te apèn fi n bay plis pase Senk mil (5000) moun manje ak de (2) pwason e pi Senk (5) pen, e aprè sa, li te voye disip li yo devan lòtbò lanmè galile a. Petèt yo te

(5) Mak 4:41
(6) Matye 16:16

panse li ta pral lwe yon lòt bato oubyen li ta mache sou kote lak la, men tout jan, yo fè vwal pou lòtbò a pandan Jezi te rete dèyè, li fi n travay ak foul la, epi li retire kò l sou yon mòn tou pre a pou l lapriyè.

Pandan tan sa, disip li yo te gen yon move nwit sou bato a. Bato a te gen anpil pwoblèm, van yo ak vag yo t ap monte ankò, e disip yo te pè, Bib la di se te katriyèm vèy nan nwit lan -- ant 3 zè ak 6 zè nan maten lè yo gade e pi yo wè yon moun k ap mache vi n jwenn yo sou dlo a! Natirèlman yo te deja pè, yo vi n pi pè toujou, e yo rele: "Se yon zonbi!"

Sa ki te rive aprè a se yonn nan pi gwo evènman nan lavi Jezi - e petèt tou yonn nan sa yo ki gen pi gwo siyifikasyon. Lè Jezi tande rele disip yo, li pale ak yo byen fò, li di yo: "Mete gason sou nou; se mwen. Nou pa bezwen pè!" Kounye a fè yon ti rete, gade fraz sa ankò, paske nan de twa mo sa yo, Pyè sanble l jwenn yon bagay ki fè l gen konfyans. Li avanse pou l di,"Mèt, si se ou, pase m lòd pou m vi n jwenn ou sou dlo a" a la yon pawòl etonan pou di! Fòk nou mande eske lòt disip yo pa gade Pyè kòm yon moun ki pèdi tèt! Men Pyè pa t fou non. Gen yon bagay nan sa Jezi te fèk di a ki te kapte lespri Pyè, alò li ta pral eseye l. Fòk Jezi te konnen tou ki sa Pyè t ap panse, paske li bay li envitasyon an, li di l:"Ou mèt vini" lè sa, yon pye aprè yon lòt, Pyè sòti nan bato a, li kanpe sou dlo a e pi li fè yon pa. Bib la pa di nou ki distans li fè, men anvan li rive kote Jezi, Pyè remake van ki t ap soufle sou li e li santi dlo a k ap balanse anba pye l. Li retire je l sou Jezi, li vi n pè epi li plonje. Lè sa li rele Jezi pou l vi n sove l e "imedyatman" Bib la di, Jezi pran men l, li kenbe l epi li mennen l tounen nan bato a. Fwa sa, Jezi pa t menm gen pou l pase kòmandman ankò - lè li menm ak Pyè monte nan bato a, van an bese pou kont li.

Se lè sa Matye di nou, "Moun yo nan bato a te adore l, yo t ap di: "Vrèman ou se pitit Bondye" kounye a kisa yo te vle di, lè yo rele l "Pitit Bondye"[7] eske yo te vle di li se Wa lejitim Izrayèl? Eske tou senpleman yo t ap ba li yon tit Wayal ke plizyè douzèn Wa anvan li te konn itilize pou tèt yo? Se pa sa! Disip yo te apèn sot wè Nonm sa mache sou dlo, li rele yonn pami yo pou fè menm jan an tou, li kalme yon tanpèt san di yon mo. Epi tou, tounen panse sou sa, kisa ki te pouse Pyè soti nan kannòt la avan. Kisa l te tande nan pawòl Jezi yo, "Mete gason sou nou, se Mwen," ki te pouse l pa sèlman di, "Waw, oke, nou ka sispann panike kounye a, se Jezi" men an reyalite pou l soti sou dlo a? Poukisa toutakou li te rive kwè Jezi te gen kontwòl tout sitiyasyon an?

Repons la se, fraz ki di: "se mwen" an, menm si li kapab kòrèk nan gramè, pa t kominike.... Egzakteman.... Sa Jezi te di a. sa l te di mo pou mo, sete "pran kè, Mwen la!" Se sa Pyè te tande ki te ba li yon konfyans fèm nan Jezi li te tande mèt li t ap di pa sèlman "oye! Se mwen, Jezi!" men li pran pou li

(7) Matye 14: 26-33

menm ansyen gwo non mèvèye Bondye tou puisan Izrayèl la. Tout sa fè nou tounen ankò nan tan delivrans Izrayèl nan peyi ejip. Yonn nan pati ki pi enteresan nan istwa se agiman Moyiz te kòmanse bay Bondye pou montre li manke prepare pou fè travay Bondye t ap rele l pou l fè a. Li te eseye plizyè eskiz - Mwen pa enpòtan ase, yo pa kwè m, m pa konn pale byen - chak fwa Bondye reponn li e li voye eskiz la jete. Yonn nan kesyon Moyiz poze, se kisa l ta dwe reponn lè pèp la mande l non Bondye. Repons Bondye te revele Bondye pwofondman: "Bondye te di Moyiz, "Mwen se sa Mwen ye a". Epi li te di, di pèp Izrayèl la sa," sa mwen ye te voye m kote nou."[8] Se konsa Bondye te revele tèt li Bondye ki depase tout bagay, ki pa gen limit nan linivè-a, nan li tout bagay soti, li menm ki fè tout sak genyen, kreyatè, e dirijan kòsmòs la, si la ki te toujou la, ki la kounye a, e k ap toujou la - Gran "Mwen ye a."

Se sa Pyè te tande ki fè l te gen konfyans. Jezi te pran non Bondye a pou li menm, e li te fè sa pandan l t ap mache sou lanmè a. Lanmè se fòs ki gen plis puisans, moun te dwe pè plis nan kreyasyon an, ansyen senbòl dezòd total ak mal, kote fo dye mistik yo rete. E la Jezi t ap domine l, konkeri l, dirije l, mete l literalman anba pye l. "Pi puisan pase vag lanmè, Senyè ki wo a, puisan!"[9]

---

(8) Exòd 3:14
(9) Sòm 93:4

Nou wè? Lè disip yo te rele Jezi: "Pitit Bondye" yo t ap pwoklame l yon bagay ki pi wo anpil pase yon senp Wa. Yo t ap di li se Bondye. Li se kreyatè. Li se gran "Mwen ye."

NONM NAN T'AP PRETANN LI SE BONDYE.

Kèk fwa gen moun ki di lide Jezi se Bondye a se disip yo ki imajine l, Jezi pa t janm reklame bagay sa pou tèt li, e aprè lanmò li, disip yo Sèlman monte lejand sa - oubyen, yo te entèprete mal souvni yo te genyen de tout sa ki te pase. Men ou pa menm bezwen li bib la ak atansyon, pou wè an reyalite, Jezi te deklare li se Bondye, plizy fwa, e pi kèk fwa li pa te eseye fè l ansekrè. Pa egzanp, gen yon lè li te di "Mwen menm ak papa a nou fè yon sèl" yon lòt lè Filip – ki te enpe enpasyan e ki pa t byen konprann - te di li: "Senyè, montre nou papa a," e Jezi te reponn: "Pou depi mwen la ak nou, epi nou pa konnen m toujou, Filip? Nenpòt moun ki wè m se papa a li wè. Kòman w ka fè di, "Montre nou papa a?" Genyen ankò repons li te bay dirijan jwif yo, lè l te fi n pase anba eprèv la, lè l te di yo "Depi kounye a nou va wè pitit lòm nan chita adwat pouvwa a, e l ap vini sou nyaj yo nan syèl la."Gran prèt la te konnen imedyatman sa li t ap di la, se pou sa li te chire wòb li e te akize Jezi pou blasfèm. Nonm nan ap pretann li se Bondye.[10]

---

(10) Jan 10:30; 14:8_9; Matye 26:64

Te Gen yon lè ankò Jezi te fè yon deklarasyon ki tèlman klè chèf yo te pran wòch pou yo lapide l. Bib la di sitiyasyon an te si danjere, Jezi te dwe kache kò l pou l te chape. Sa te kòmanse lè farizyen yo te vini pou ba l non. "Eske nou pa gen rezon di ou se yon Samariten, e ou gen yon demon?" Se sa yo te di. Yo te joure l mal, tankou si yo akize l non sèlman li gen yon demon, men ankò li soti Washigton, D.C. (se jwe m ap jwe!) antouka, Jezi te reponn yo konsa "Mwen pa gen okenn demon, men m ap onore Papa m e pi nou menm n ap dezonore m…Mwen di nou, nenpòt moun ki kenbe pawòl mwen, li pap janm mouri." Chèf yo fache, lè sa yo pale pi di ak Jezi pou akizel pi rèd. Kounye a nou konnen ou gen yon demon nan tèt ou! Abraam mouri, tankou pwofèt yo mouri, epi ou di, "Si nenpòt moun kenbe pawòl ou, li pap janm mouri." Eske w pi gran pase abraam, papa nou kite mouri-a?

E pwofèt yo mouri! Kiyès ou vle fè kwè ou ye?" Jezi reponn yo, "Papa nou Abraam te rejwi paske li te wè jou mwen an. Li te wè l epi li te kontan." Nan yon sèl mo abraam te konnen Bondye te pwomèt l ap voye yon sovè, epi se tankou l te wè sovè a vini, e li te kontan. Lè sa chèf yo te twouble, nan konfizyon. Jezi pretann Abraam te konnen l, e menm, Jezi te konnen lavi emosyonèl Abraam, sa te twòp pou yo atò: "Ou poko menm gen Senkant (50) lane, epi ou te wè Abraam?"

Repons Jezi te bay pou kesyon an te frape yo kou yon kout

wòch. Li di yo, "Se vre wi, se vre wi, m ap di nou sa, Anvan Abraam te la, mwen te deja la."[11]

Men non sa ankò, Jezi te fè eksprè anplwaye l pou l konfwonte yo. Kòman nou fè konn sa? Paske si se pa sa li t ap fè yon fot gramè. Men si Jezi te sèlman vle di li te egziste anvan Abraam, nan yon sans, li ta dwe di "anvan Abraam te la, mwen te la" menm lè l itilize tan prezan -"mwen la" - li klè, Jezi te pran pou li menm ankò, non ki pou Bondye sèlman. Se pou sa yo te ranmase Wòch pou lapide l. Si li pa t Bondye reyèlman - e yo pa t panse li te sa - alò li ta komèt blasfèm ki pi grav la.

FAS A FAS AK TRINITE-A.

Men evidaman se pa te yon blasfèm. Se te vre, e Jezi te pwouve plizyè e plizyè fwa dwa kòm divinite. Lè ou konprann sa, ou ka kòmanse wè nouvèl limyè sou enpotans ki fè Jezi ensiste ap di li se pitit gason Bondye a. Se sèlman yon tit Wayal, se te yon afimasyon ke Jezi te egal ak Papa a nan sa li ye, nan karaktè e nan onè. Jan eksplike sa: "Se pou sa jwif yo t ap chache plis toujou pou yo touye l, paske.... li te menm rele Bondye pwòp Papa l, konsa li fè tèt li egal ak Bondye"[12]

Men nan fraz la gen plis pase sa, paske ak li Jezi pa t sèlman ap pran yon tit Wayal, e li pa t ap sèlman di li egal ak Bondye,

(11) Jan 8:56-58
(12) Jan 5:18

men tou li t ap dekri yon sèl relasyon li menm sèl genyen ak Bondye Papa a. "Pèson pa konnen pitit la, eksèpte Papa a," yon fwa li te di: "E pi pèsòn pa konnen Papa a, eksèpte pitit la ak nenpòt moun pitit la chwazi pou fè konnen l.»[13]Yon lòt fwa li te esplike,

Nenpòt sa Papa a fè, se sa Pitit la fè menm jan paske papa a renmen pitit la e li montre l tout sa l ap fè...konsa, menm jan papa a fè mò yo leve, e li ba yo lavi, konsa tou pitit la bay moun li vle lavi. Papa a pa jije pèsòn, men li bay pitit la tout jijman, pou tout moun onore pitit la menm jan yo onore papa a. Nenpòt moun ki pa onore pitit la, pa onore papa kite voye l la.[14]

Eske nou wè? Jezi pitit Bondye a ki te deklare li se Bondye menm, e ankò li menm sèl gen yon relasyon totalman amonize ak papa a, yon jan se li menm sèl ki gen relasyon sa.

Kounye a, kòman sa fè fèt?

Kòman Jezi kapab Bondye, e poutan li gen yon relasyon ak Bondye papa a, an menm tan? La, nou rive fas a fas ak doktrin kretyen trinite a - se yon fòm langaj ki mete ansanm mo tri-inite. Petèt ou deja tande mo trinite a. Petèt ou menm tande kretyen yo ap pale de Bondye papa a, Bondye pitit la, ak Bondye Sentespri a, yo tout distenge yonn ak lòt - twa pèsòn diferan - e poutan yo

(13) Matye 11:27
(14) Jan 5:19-23

fòme yon sèl Bondye. Se pa twa Bondye! Non, Bib la klè, depi nan premye paj la, gen yon sèl Bondye, e poutan Bondye sa ki yon sèl, li egziste nan twa pèsòn distenge.

Mwen espere ou ka wè isit la, se pa kretyen yo ki te fòje lide Trinite a yon sèl kou. Yo te defini l, yo te dekri l, yo te anonse l e yo te defann li paske yo te wè l nan Bib la. Yo te tande l nan fason Jezi t ap pale de tèt li, de relasyon l ak papa a, e pi de Sentespri a. Rapidman, me yon rezime sou sa yo te tande pandan yo t ap koute Jezi.

1. Yo tande Jezi afime genyen yon sèl Bondye![15]
2. Yo tande Jezi di li menm se Bondye, papa l se Bondye, e (pita) Sentespri a se Bondye![16]
3. Finalman, yo te tande l fè sa klè, li menm papa l ak Sentespri a pa menm Moun men pito, yo distenge yonn ak lòt nan fason chak nan yo gen yon relasyon espesyal ak lòt yo![17]

Kounye a, li posib pou w gade twa deklarasyon sa yo epi ou di: "Mwen pa konprann kòman tou lè twa kapab vrèman yo tout an menm tan e nan menm fason." Ebyen, pou m onèt avè w,

(15) E.g., Mak 12:29
(16) E.g.,Jan 5:18; 8:58; Lik 12:10
(17) Note the relationship, for example, in John 14:16-17. (Remake a relasyon an, pa egzanp, Nan Jan 14: 16-17).

mwen menm non plis mwen pa konprann sa! E m pa kwè gen okenn lòt kretyen ki konprann li. Men konpreyansyon m, se pa sa ki enpòtan. Kòm kretyen, mwen kwè nan Jezi e Jezi anseye twa bagay sa yo, donk mwen kwè yo - yo tout, an menm tan, menm si finalman yo pa fi n mache ansanm nan lespri m.

Sa ki klè a, pa gen kontradiksyon lojik nan twa deklarasyon sa yo, an plis de sa, mwen byen konenn lespri m pa enfini. Gen anpil bagay nan mond sa mwen pa fi n konprann nèt, kidonk, li pa difisil pou m imajine, pral gen yon kantite san limit bagay lespri Bondye ki san limit la kapab kenbe epi lespri m pa ka kenbe yo. Sa mwen konnen klè, Jezi anseye genyen yon sèl Bondye, li menm ak papa l ak Sentespri-a, yo tout se Bondye, e pi li ak papa l ak Sentespri a se pa menm Moun yo ye, men yo tout gen relasyon yonn ak lòt, e mwen menm, ansanm ak kretyen tout syèk yo, nou rele tout reyalite konplèks sa Tri-Inite, ou byen Trinite.

YON SÈL CHEMEN-AN

Men sa ki enpòtan: Yon fwa ou kòmanse konprann an reyalite Jezi se Bondye, e li nan yon relasyon san parèy ak Bondye papa a ou kòmanse konprann tou, si w vle konnen Bondye ki te kreye w la, alò ou bezwen konnen Jezi. Senp konsa, pa gen lòt chemen. Se pou sa, li se yon si bòn nouvèl, Jezi pa sèlman gran "Sa Mwen ye." Men tou li se totalman e pou tout tan yonn nan nou.

CHAPIT SENK (5)

SE YONN NAN NOU

Byen bonè nan istwa kretyen yo, gen yon gwoup moun ki te di Jezi pa yon moun reyèl. Li te tèlman klè Jezi se Bondye, yo di li pa yon moun. Petèt li se Bondye men ki gen yon po moun sou li, petèt li te ka gen relasyon ak Bondye an menm tan ak moun tou, mwens pase Bondye plis pase moun, men pa gen mwayen pou l te kapab yonn nan nou. Yo te vi n konnen moun ki di Jezi pa t yon moun reyèl sou non "Dosetis". Non sa soti nan mo Grèk "dokè" ki vle di "sanble" e se te yon mo ki mache ak pozisyon yo a; Jezi pa t yon moun reyèlman, se sa yo te di; li te sèlman sanble yon moun.

Rapidman gen lòt kretyen ki deklare DOSETIS la pa t di verite. Yo te li Bib la, e yo te konprann Jezi pa t sèlman sanble yon moun, tankou si l te yon lonbraj oubyen yon zonbi, oubyen tankou si Bondye te met sou li yon aparans moun san reyalite. Non, si nou ta kwè Bib la, alò Jezi se te yon moun___ nan tout sans. Kretyen sa yo pa t renye divinite Jezi nan okenn sans. Yo te gen konviksyon Jezi se pitit Bondye a, kreyatè mond lan, gran "Sa mwen ye"a. Men yo te gen konviksyon tou gran "sa mwen ye" sa a, nan yon fason moun pa ta kwè, tounen yonn nan nou.

PA SÈLMAN YON VIZITÈ.

Istwa l/avi Jezi yo plen ak prèv klè Jezi te yon moun tankou nou. Bib la di nou li te konn grangou, swaf, fatige, e li te menm konn gen dòmi (sonje lè l t ap kabicha nan bato a). Li pa te sa Grèk yo ak Women yo di ki "yon dye", yon pèsonaj nan olenp la te ka pran yon fòm moun kèk fwa, men ki pa te janm sa yon imen ye, ak tout difikilte yo, e menm feblès yo ki mache ak li. Non, Jezi te reyèlman yon imen, e li te dwe viv ak tout bagay sa yo tankou, ou menm ak mwen menm.

Sa vle di lèl pa t manje ase, li te vi n grangou. Lè l pat domi ase, li te fatige. Lè solda yo te pouse pikan yo nan tèt li e foure klou yo nan ponyèt li, sa te fè l mal. Lè zanmi l yo te di yo pa konnen l, li te lamante e li te kriye - Men lè li te gen entansyon resisite zanmi l lan kèk minit pi ta! Li te menm vi n fèb, Bib la di nou aprè Women yo te fi n bat Jezi ak kout raso, yo te oblije fòse yon Nonm ki t ap gade vi n pote kwa Jezi a nan plas kote yo ta pral egzekite l la. E alò men pi gwo prèv pami tout lòt yo: Jezi te mouri. Li pa t sèlman fè sanblan l te mouri, oubyen mouri, a demi, oubyen yon sòt mouri, ou menm mouri nan yon sans. A la verite, istwa a pa te fini ak lanmò Jezi a, men pa gen wout pa bwa: Li te mouri.[1]

Li enpòtan anpil pou nou konprann Jezi te reyèlman yon imen, paske sa vle di li pa te sèlman yon vizitè nan mond nou an. Sa t ap yon bèl bagay, nan fason pa l, pa vre - pou lòt la ki si gran te vi n fè yon ti visit? Men se pa sak te rive. Sa ki te rive reyèlman an, li enfiniman pi etonan pase sa. Bondye kreyatè a, Lòt la ki si gran, gran "sa mwen ye a" te tounen yon Nonm.

Kretyen yo rele reyalite sa enkanasyon, ki se yon mo Laten ki vle di "pran yon kò" lide a se sa, nan Jezi Bondye te pran yon kò imen, nou dwe fè atansyon kanmenm, paske mo sa ta kapab egare moun enpe. Si w mal konprann li, li ta ka bay lide imanite Jezi a te sèlman yon kesyon po kò - se kòmsi Bondye ta met sou li yon kouvèti moun tankou w, oubyen mwen ta ka mete yon kostim sou mwen, e se konsa l ta ye pou imanite Jezi a. Men sa ta Mennen nou twò pre dosetis, lide ki fè kwè Jezi te sèlman sanble ak moun. Nenpòt sa w panse, asireman nou tonbe dakò sa ki fè yon moun moun, se pa po kò l, bagay la pi fon pase sa, e Bib la di Jezi te yon moun nan tout sans mo sa, e nan tout fason (sèlman li pa t fè peche, paske peche pa fè

(1) Matye 4:2; 8:24; 27:50; Jan 19:2; 11:35; 19:33

pati nati imèn jan Bondye te kreye l la. Nòt tradiktè kreyòl la). Se pou sa, kretyen pandan syèk yo deside prezante Jezi kòm "Totalman Dye, e totalman moun." li pa moso Bondye moso moun, oubyen yon melanj Bondye ak moun, ou menm yon bagay nan mitan ant Bondye ak moun (mwens ke Bondye, plis ke moun, Nòt. Tradiktè kreyòl la).

LI SE BONDYE EPI TOU LI SE MOUN.

Epi men bagay la: Sa se pa sèlman yon reyalite pou yon ti tan. Jezi se moun kounye a, e li pap janm yon lòt bagay pase moun - pou toujou. Kèk ane pase, mwen t ap pran dejne ak yon zanmi, epi verite sa te vi n tonbe nan konsyans mwen pandan yon konvèzasyon chofe sou (atansyon isit la) kèk fòm vi etranj. Zanmi m nan ak mwen, t ap boukante pawòl pandan yon bout tan sou eske li posib pou gen lòt kote nan linivè ki gen kreyati entèlijan, eske Bib la gen kichòy pou di sou sa, si ta genyen sa, sa ta vle di, elatriye, elatriye, lè sa kesyon sa monte nan lespri nou: Si gen kreyati nan lòt planèt, e si yo se pechè tankou nou, eske Bondye kapab sove yo, e kòman li t ap ka fè sa?

Mwen te reponn imedyatman: asireman li ta kapab! Jezi t ap sèlman enkane kòm yon Masyen, mouri pou peche yo tou, e se t ap konsa! Alò li t ap kapab pran yon desizyon o sijè de klingon yo" Repons la te fè sans nan moman an, men eske w wè pou ki li pa t korèk? Zanmi m nan te sekwe tèt li e l te di:

"Non, Greg. Jezi se yon moun. Toujou e pou toujou. Li pap janm yon lòt bagay pase moun." Mwen pa te janm panse sou sa nan fason sa.

NAN YON MO, LI TE RENMEN

Sa se te yon konvèsasyon enfòmèl, lib, se vre men sal te fè m reyalize a te fè m sezi: Jezi se yon moun, e l ap toujou yon moun. Kounye a menm, pandan l chita sou twòn linivè, li se yon èt imen. Lè l ap jije lemond antye, li va yon imen. Pou tout letènite, laj aprè laj. Jezi se yon moun e pi l ap toujou konsa. Li pa te sèlman mete yon po moun sou li, tankou yon kostim, sèlman pou l te retire l sou li lè l te retounen lakay li nan syèl la. Li te tounen yon gason - kè, nanm, lespri, ak fòs - yon gason!

Sèlman imajine konbyen renmen pitit Bondye a te dwe renmen lèzòm pou l pran desizyon sa, wi, pou l devni yon moun pou tout tan. Li te egziste depi tout letènite, dezyèm pèsòn nan trinite a, nan yon relasyon san fay, nan bèl amoni ak Bondye papa a, ak Bondye Sentespri a, men malgre sa, li te deside tounen yon moun, e lè li te deside sa, li te konnen li pa t ap vi n pa moun ankò. Gen yon sèl bagay ki te pouse pitit Bondye a fè sa: Se paske li renmen nou anpil, e ou ka wè lanmou sa nan chak ti detay nan lavi li.

Plizyè, e plizyè fwa ekriven sakre yo di nou Jezi te touche ak konpasyon pou moun ki te bò kote l yo. Rezon ki fè l te konn rete anpil konsa ap geri moun malad yo, Matye di nou se paske li te gen konpasyon pou yo. Rezon ki fè l te konn anseye pèp la, Mak di nou se paske l te gen konpasyon pou yo. Lè l te gade yon foul kat mil (4000) moun ki pa t manje pandan plizyè jou, li te di disip li yo, "Mwen gen konpasyon pou foul la paske yo te ak mwen depi twa jou, e yo pa gen anyen pou yo manje. E mwen pa vle voye yo ale tou grangou, pou yo pa tonbe nan wout la." Lè l desann sou rivaj la, epi yon bann moun te vle tande ansèyman li, "li te gen konpasyon pou yo, paske yo te tankou mouton san gadò. E li kòmanse anseye yo anpil bagay.[2] yon fwa li te rankontre fineray yon jèn gason ki te apèn mouri - sèl pitit gason yon vèv ki pa t gen anyen ankò pou l viv. Men sak te pase: "Lè Senyè a wè l, li te gen konpasyon pou li e l te di li, pa kriye alò li pwoche, li touche sèkèy la, pòtè sèkèy yo te kanpe. Epi li di: "Jèn gason mwen di ou, leve. E pi mò a leve chita, e li kòmanse pale, e jezi te bay maman l li.[3]

Lè l te rive lakay zanmi l laza, e l te wè sè defen an t ap kriye, li te touche l nan lespri l, e kè l te fè l mal." Jezi mande moun yo: "ki kote nou mete l?" e yo Mennen l bò tonbo a. Bib la di, la -devan tonbo zanmi l lan, "Jezi te kriye" pèsòn pa doute, ekspresyon emosyon sa, se te rezilta doulè ak lanmou. Jwif yo ki te la te sekwe tèt yo e pi yo di: "Gade kòman l renmen l!"[4]

---

(2) Matye 15:32; Mak 6:34; verifye Matye 6:34; 14:1
(3) Lik 7:13-15
(4) Jan11:33-36

Eskew wè ki kalite moun Jezi te ye? Li pa te kalite moun di, ki toujou ap kalkile, ki souvan ap proklame tèt yo Wa, oubyen dirijan. Non, Jezi te yon moun ki te gen kè li bat ak gwo lanmou pou moun bò kote l. Li te renmen pase tan ak moun sosyete a rejte, manje ak yo e menm patisipe nan fèt yo, paske li te konn di, "Se pa moun gaya ki bezwen doktè, men se moun malad. Mwen pa vini rele moun ki bon yo, men moun ki ap fè peche yo, pou yo repanti."[5] Li te konn pran ti moun yo sou bwa l, li anbrase yo e pi li beni yo, li te menm reprimande disip li yo, lè yo t ap eseye anpeche ti moun yo vi n jwenn li paske l te twò okipe. Li te konn anbrase disip li yo, fè plezantri ak yo, si te non moun ak tandrès, ankouraje e padone, fòtifye, rasire e restore. Brèf, li te renmen.

Eskew wè? Men lè li te fe bagay ekstraòdinè - bagay sèl Bondye li menm te ka fè - li te konn fè yo ak yon tandrès, yon konpasyon ak yon lanmou imen ki trè pwofon. Li pa Sèlman te imen, li te montre nou sa Bondye vle limanite a ye tout tan.

POUKI SA BONDYE PITIT LA TE TOUNEN YON MOUN? PASKE NOU TE BEZWEN L FÈ SA.

Men, pou tout bagay sa, li enpòtan pou nou konprann, Jezi pa t vini sèlman pou montre nou yon reyèl kè imen ki selon plan

(5) Lik 5:31-32

Bondye. Non, Jezi te devni yon moun paske nou te gen bezwen pou l te fè sa. Nou te gen bezwen pou yon moun reprezante nou devan Bondye epi pou l te kapab ranplase nou. Se vre rezon ki fè ? Jezi te vini – pou l te ka ranpli fonksyon yon Wa k ap goumen ak lanmou pou l sove pèp li renmen anpil la.

Yonn nan bagay Jezi te akonpli lè l te vi n tounen moun nan, li te idantifye l ak nou, lè li te devni yonn ak nou jiskaske l te kapab reprezante nou. Se sa ki fè, nan premye jou ministè piblik li, Jezi te ensiste pou Jan Batis te batize l. Pou kòmanse, Jan pa t dakò, paske li te konnen batèm li an se te pou repantans - sa vle di, se te pou moun ki rekonèt yo te peche, e pi ki te chwazi vire do bay peche yo - e li te konnen, Jezi antan ke pitit Bondye ki san peche, pat gen bezwen pou sa. Jezi pa te reprimande Jan pou rezistans li, li te konnen, menm jan Jan te konnen l tou, li pa te bezwen repanti pou anyen. Men se pa te pou sa li te vle batize, kidonk li te di Jan " Kite sa fèt konsa kounye a, paske se konsa li konvenab pou nou akonpli tout sa ki korèk." Nan yon mo, Jezi t ap di " Jan, ou gen rezon.[6] Mwen pa bezwen batize pou repantans, men mwen gen nan lespri m yon lòt rezon pou m fè sa, e pou kounye a, li bon e l kòrèk pou nou fè sa." Ou wè, Jezi t ap batize, pa paske l te bezwen repanti, pou okenn peche, men pou l te ka fè sa parèt klè, li t ap idantifye l totalman e konplètman ak èt imen

(6) Matye 3:15

yo ki plen peche. Li te vi n rankontre nou kote nou ye a, li pran kondisyon nou ye a tout bon vre, li pran plas li pami nou, pandan l bay lèbwa - kit sa vin pi bon, kit sa vi n pi mal - ak yon imanite ki plen peche e ki san fòs.

Epi ou sonje, daprè sa nou te wè anvan an sak te pase answit, pa vre? Se te vwa ki sot nan syèl la, ki idantifye Jezi kòm etan pitit gason Bondye pou tout tan, e pi tou ki te enstale l kòm pitit wayal Bondye a, wa Izrayèl la. O! gen lòt bagay toujou pou n wè nan bagay sa yo ki te soti nan syè l la, men pou kounye a, li sifi pou n wè se pou sa li te korèk pou Jezi te batize ak yon bann moun ki fè peche: konsa li t ap pran chaj li kòm moun ki pou ranplase yo, wa yo, e menm liberatè ki pou goumen pou yo.

BATAY LA KÒMANSE.

Mak ekri "Lespri a mennen l imedyatman nan dezè a. E pi li te pase karant (40) jou nan dezè a, pandan Satan t ap tante l."[7] Sa se te yon etap nòmal. Puiske li te fi n pran chaj li kòm wa, li te idantifyel definitivman ak pechè yo, wa Jezi leve kanpe pou l anchaje ansyen batay la pou yo, pou l adòpte koz yo te pèdi a, e pi genyen l pou yo. Donk li ale nan dezè a, pou l fè fas kare ak ènmi mòtèl pèp li a, e batay sa ki va fè raj pandan tout rès listwa – ant Satan, gran akizatè a, e Jezi gran wa a - kòmanse.

(7) Mak 1:12-13

Men ti detay sa yo ki sanble san enpòtans nan istwa a, yo la pou ede nou reyalize wa Jezi t ap goumen ankò menm batay pèp li a, nasyon Izrayèl la, te deja pèdi a. Remake sa, tantasyon an dewoule nan dezè a, menm dezè kote pèp Izrayèl te vagabonde pandan yon jenerasyon an, e kote li te chite si mal la. E karant jou jèn yo? Se pandan karant an Izrayel t ap vire tounen nan dezè a, kidonk, Jezi sibi menm bagay la nan sans senbolik - yon jou pou chak lane. Sa k ap pase la a, se bagay san fay. Lè Jezi pran kouwòn wayal la, li pran pozisyon pou l goumen pou pèp li a.

Matye di nou plis bagay pase tout lòt moun sou tante satan te tante Jezi a. se te yonn nan moman ki pi dramatik nan lavi. Menm jan Satan prezante Jezi twa tantasyon se konsa tantasyon t ap vi n pi rèd yonn aprè lòt. Menm jeyografi tantasyon yo di sa: premye a, pase atè nan dezè a, dezyèm nan sou fetay tanp la, epi dènye a sou tèt yon mòn ki wo anpil. Se kòm si dispit la ap pran wotè an menm tan l ap vin pi vyolan.

Premye tantasyon satan an pat tèlman sanble ak yon egzamen: "si ou se pitit Bondye-a", se sa, satan te di, "kòmande wòch sa yo pou yo tounen pen."Kounye-a sonje Jezi te sòt jene pandan plis pase yon mwa------pwobablemen,li te pran ti kal nouriti ase poul pat mouri --------donk li dwe te grangou anpil.Met sou sa,avan lontan,Jezi ta pral fè mirak ki difisil pou kwè anpil,fwa sa pase fè kèk wòch tounen pen,kidonk sa te fasil pou li.Si se vre, alò poukisa li t ap yon move bagay si l te fel?Repons la vini nan fason li reponn satan an: "li ekri moun pa viv ak manje sèlman,men ak tout pawòl ki sòti nan bouch Bon Dye." Sa ki enpotan,sepa si Jezi tapral Sèlman fè yon bagay,nenpòt sa satan sikjere l[8] se te èske Jezi-----tankou Izrayèl avan li-----t ap mande pwòp konfò ak soulajman li kounye-a menm, ou byen si li t ap soumèt tèt li nan wout imilite ak soufrans Bon Dye papa l te plase devan l lan. Kote anpil moun te peche ankò e ankò, nan mande pou yo peye yo imedyatman wa jezi te fè Bon Dye konfyans pou kenbe l'e pran swen l.

Aprè jezi te fin gen viktwa sou premye tantasyon l lan, satan Mennen l Jerizalèm, e li mete l sou kote ki pi wo nan tanp-la. wo-tè-a ta dwe ap fè l toudi. Satan di Jezi "siw se pitit Bon Dye, lage tèt ou anba, paske men sa ki ekri, li va pase zanj li yo lòd konsène ou ,epi yo va pote w nan men yo, pou pye w pa frappe nan okenn wòch." La ankò, sa satan di-a tèlman fè sans, e kounye-a li menm resite pawòl Bib-la pou jezi! Men, menm jan ak avan, tantasyon sa se te pou Jezi mande fason pa li, olye li tann fason Bon Dye-----poul mande, menm jan Izrayèl te fè si souvan, pou Bon Dye pwouve atansyon li nan yon fason patikilye. Eske w wè? Satan ap tante jezi monte tèt katon l pi wo pase papa l, pandan lap fòse papa l fè yon bagay olye li tann sa papal fè sa li pwomèt lap fè-a. Jezi refize fè sa, eli reponn satan: " li ekri ankò, ou pa dwe tante

(8) 7.Mak 1:12-13

Mèt-la, Bon Dye ou." Annen mo, ou pa dwe doute l pou mandel prouve l'ap pran swen w vre. Fè l konfyans, pranl o mo, e li va pran swen w nan fason pal ak nan lè[9] pa l.

Twazyèm tantasyon an se li menm tou ki pi odasye. Satan Mennen Jezi sou tèt yon mòn ki wo anpil, li montre l tout Wayòm ki nan mond sa ak glwa yo. Epi li ofri l konsa: "Mwen va ba ou tout bagay sa yo, si w dakò pou bese devan m e adore m!" A la yon òf odasye e rize! Kreyati a ap mande kreyatè li pou bese tèt devan l e adore l, e an retou li pwomèt li tout bagay Papa l te deja pwomèt li - men deyò chemen soufrans kote Papa Jezi te mete l mache a. Izrayèl te fè fas ak tès sa plizyè e plizyè fwa - tantasyon pou fè alyans ak vwazen ki gen puisans, pou imite e dezobeyi, pou yo ka gen garanti ak laglwa pou tèt yo ki soti nan men yon lòt moun ke Bondye. Plizyè fwa Izrayèl te tonbe nan tantasyon sa, Jezi Wa pa t tonbe li menm. Li fini batay la pandan l ap di tantatè-a: "Wete kò w la, Satan! Paske men sa ki ekri, se "Senyè Bondye ou pou ou adore, se li menm sèl pou ou sèvi.[10]

Eskew te wè sa, Jezi te fè fas kare ak Satan nan dezè a? Li t ap Mennen yon batay pou ladwati ak obeyisans, sa pèp Izrayèl te pèdi konplètman depi lontan. Tout twa tantasyon Satan te prezante devan l yo - pèdi konfyans nan Bondye, fòse Bondye aji, sispann adore Bondye – se twa gran fason nasyon Izrayèl

---

(9) 8.Matye 4:3-10
(10) Matye 4:3-10

la te echwe. Men fwa sa Satan pèdi. Jezi wa a kenbe tèt ak li pye pou pye. Chanpyon Izrayèl la refè batay la pou pèp li, e li genyen!

Lik rapòte sa konsa: "Lè l fini tout tantasyon l yo, li ale lwen li jiskaske li jwenn yon lòt okazyon."[11] Bagay la pa t ankò fini nèt, men batay pou nanm limanite - pandan tout epòk li tap fèt – kounye a li te bèl e byen genyen l.

(11) Lik 4:13

CHAPIT SIS (6)

TRIYONF DÈNYE ADAN AN

Souvan rasin konfli yo desann fon nan listwa. Si nou li tit nouvèl yo sou lagè, batay, ak konfli k'ap fèt. Nenpòt jou, nou ka dekouvri se raman evènman sa yo pa sòti nan kò pwofon. Kèk fwa, orijin konfli yo remonte jiska plizyè syèk ou menm pi lwen ankò.

Se konsa sa te ye pou Jezi ak Satan. Lè Jezi te rankontre gran akizatè a e bat li nan dezè a, se te top konfli ki te la depi plizyè milenyòm, yon konfli ka enplike tout limanite. An reyalite, se te kòmansman dènye epizòd konfli sa. Pandan plizyè syèk, Satan t'ap opoze kont Bondye e kont plan Bondye nan lemond, men kounye a li kontre fasafas ak sila ki t'apral bal bouchon'l lan. Se pa paske Satan pat konn kiyès Jezi te ye ; de nan tantasyon yo ensiste èspesyalman sou idantite li kòm etan pitit Bondye. Malgre Satan konnen sa, li te panse kanmenm, nan yon fason li t'ap kapab fe Jezi tonbe nan peche. E poukisa ? Paske tout lòt èt imen (moun) nan listwa te tobe nan tantasyon.Poukisa sila pa ta tonbe tou ? Petèt Bondye t'a fe yon erè lè'l tounen moun konsa, lè'l pran yon kò moun, feblès mou, limitasyon moun. Petèt finalman Bondye te devni… frajil.

Men, se jis a la fen rankont sa ak Jezi, Satan te oblije reyalize sa se te yon espwa vid. An reyalite, lè'l te wè meyè taktik li yo fè l echwe, ou dwe mande tèt ou si li kouri ale paske l konnen talè konsa li pral fini nèt. Ou dwe mande tèt ou si li pa sonje vwa Bondye ki te pwomèt li, depi plizyè milenyom, «lè wa a va vini, ou va mòdel nan talon, men li menm li va kraze tèt ou net »[1]

Sa te dwe fèl ap tann konsa kilè batay l'ap mennen kont Bondye ta pote espwa pou li.

Li te vle detwone Bondye

Bib la pa pase anpil tan ap pale sou satan. Li fikse l sou Bondye, relasyon l ak lèzom, rebelyon yo ak peche yo kont li, plan li poul padone yo e sove yo. Men satan la kanmenm, tantatè ak akizatè imanite, pi gran enmi Bondye ak plan li yo. Yo pa di nou anpil detay sou orijin li, men Bib la gen kèk kout flach isi e

(1) Gade jenèz 3:15

la sou kote li sòti. Sa ki klè pase tout bagay, Satan se pa yon sòt anti-Bondye, ki ta gen menm pisans ak Bondye, men ki ta Sanble sèlman opoze ak li nan karaktè. Nan yon mo prezante l kòm ying yang devan Bondye.

An rayalite pwofèt ansyen testaman yo montre:

Wè Jenèz 3:15 Orijinèlman Satan te yon zanj Bondye te kreye pou sèvi l tankou tout lòt zanj yo. Men kijan Profèt Ezekyèl dekri l:

Gen yon lè se ou ki te pi bon
Tout moun tap gade sou ou
Ou te gen bon konprann
Ou te yon bèl bagay nan je tout moun nan
Jaden Bondye a
Ou te mete tout kalite bèl pyè koute chè sou ou
Ribi, topaz, dyaman, krizolit,
Oniks, japs, safi, malachit, emewod
Tout bèl bijou kite sou ou yo te fèt ak lò
Se jou Bondye tap kreye w la
Li pare tout pou ou
Mwen mete yon zanj cheriben avèk ou
Pou proteje ou
Se sou mòn ki apa pou mwen ou te rete
Ou mache nan mitan gwo dife
Depi jou Bondye kreye w la
Ou pat fè anyen pou yo te fè w repwòch

Jouk jou ou te koumanse fè sa ki mal.[2]

Lè wap li liv Ezekyèl la, li parèt klè, deklarasyon sa a ap pale pi dirèkteman sou wa yon vil yo te rele Ti. Se...

Ezekyèl 28 :12-15 Bondye ki bay koze nan pawòl sa a, lè li te di Ezekyèl ''Pouse yon rèl sou wa peyi Ti a".[3] men lè sa a pwofesi ansyen testaman yo se te istwa ki te gen sans kache, e kèk fwa, sa ki tap pase nan reyalite a te plis pase sa moun te kapab konprann lan menm. Se sa ki pase la. Depi nan premye mo yo nan mesaj la, li klè Ezekyèl pa tap pale sèlman sou wa peyi Ti a. dayè kisa li ta siyifi pou l ta di misye sa a ? chèf yon vil katye ki te rich kanmenm men ki te manke evolye nan ansyen mwayen noryan an, li te na edenn, li te yon cheriben chwazi, e li te sou montay sen Bondye a ? li pat ap fè sans ditou, menm kòm pwezi, li t'ap egzajere jis li tounen yon pawòl san sans e yon echèk powetik.

Se klè gen yon bagay kap pase la ki sanble yon sinema. Se tankou si vizaj mechan wa peyi Ti a gen yon lòt vizaj kap parèt tankou yon moun ki kanpe dèyè mechanste li a, k'ap mennen l, ankouraje l e se karaktè l li reflete. Eske w wè sa Ezekyèl ap fè la ? tankou si l'ap ranfòse pouvwa pwofesẹ li a kont wa peyi Ti a, li ban nou yon apèsi sou youn ki plis pase tout lòt, enkane rebeyon kont Bondye, sila a se Satan.

(2) Ezekyèl 28: 12-15
(3) Ezekyèl 28: 12

Kidonk Ezekyèl pouse pou l dekri Satan te tonbe sòti nan gwo pozisyon li te okipe a : " kè w te fyè paske w te bèl ; ou te kòwonp sajès ou a akòz ...

Ezekyèl 28 : 12 ou renmen esplandè. Mwen lage w atè, mwen dekouvri w devan wa yo, pou yo pran plezi ap gade w".[4] yon lòt pwofèt, Ezayi, dekri peche Satan an konsa : " Manyè di nou non, ou menm ki te klere tankou zetwal bajou a, ki jan w fè tonbe sot nan syèl la ? Ou menm ki te konn ap mache ap kraze nasyon anba pye wou, ou t'ap di nan kèw : m'ap monte rive jouk nan syèl la. Mwen pral mete fotèy mwen piwo pase zetwal Bondye yo . mwen pral chita tankou yon wa nan nò sou tèt mòn randevou a. mwen pral monte sou tèt nyaj yo. M'ap tankou Bondye ki gen tout pouvwa a."[5]

Plis pase nenpòt lòt bagay pache Satan an se lògèy. Pou tout èsplandè li gen nan lòt mond la. Li pat kontante l ak sa BOn-dye te kreye l pou l ye a. li te vle plis ke sa. Li te vle kòm Eayi te di : " Tankou si la ki pi wo nèt la" li te vle detwone Bondye. Eske sa etonan, alò, lè Satan te deside atake èt imen yo, pou l tante pou rebele kont Bondye, e fè pwòp chemen yo, li te fè l pandan l'ap pwomèt yo si yo ta sèlman ranvèse otorite l, yo menm tou, t'a vin tankou Bondye.

---

(4) Ezekyèl 28: 17
(5) Ezayi 14: 12-15

Yon siy vivan ki fè sonje Bondye se wa

Istwa a remonte depi nan kòmansman Bib la menm, nan liv Jenèz la, epi rapidman, li vin klè poukisa limanite bezwen Jezi. Lè Satan wè tantasyon l lan reyisi fè premye moun yo tonbe nan peche...

Li frape yon kou ki dapre li, pral lage limanite plat atè, san l paka leve ankò, e nan menm moman sa ap frape BonDye nan kè, men tou li pral kraze fondasyon twòn li an menm.

Mo Jenèz la vle di « kòmansman » e se sa egzakteman liv la dekri nan premye chapit li yo, li di kòman Bon Dye te kreye tout mond la_ tè sèch, lamè a,zwazo yo,zannimo yo ak pwason yo__tou senpman li pale epi yo egziste, epi li fè sa klè, lè l fini, kreyasyon l nan te bon. Li di nou kòman BonDye te kouwone travay kreyasyon l nan lè l fè moun. Premye moun nan pa te yon moun animal, li te espesyal, se BonDye ki te kreye l ' « sanbe ak li »,daprè sa Bib la di, epi li mete l klèman pi wo pase rès kreyasyon an.

Limanite te gen yon plas espesyal nan kè BonDye e Dye kreye premye moun nan : « Lè sa Seyè BonDye te fòme yon nonm ak pousyè li pran nan tè a, epi li soufle nan twou nen l souf lavi-a,e nonm nan devni yon kreyati vivan. »[6] Mo ebre yo tradui « nonm nan » se egzakteman Adama,ki an reyalite vin tounen non moun nan ,Adan.

---

(6) Jenèz 1:27; 2:7

Bon Dye te janti avèk Adan depi nan kòmansman. Li te mete l nan yon zòn espesyal sou tè a yo rele Eden, kote BonDye te plante yon jaden. Se te yon bèl kote.

Yon rivyè t'ap koule e ki te gen « tout pye bwa moun t'ap renmen wè e ki t'ap bon pou moun manje. » An plis de sa, nan mitan jaden an te gen de(2) pye bwa espesyal. Pye bwa lavi-a ak pye bwa konesans Byen ak Mal la. Lavi Adan nan jaden an te bèl, men jiske la li te manke yon bagay. Adan te bezwen yon konpay, e BonDye te konn sa. Lè sa Seyè Bon Dye a te di : « Li pa bon pou nonm nan rete sèl ; mwen pral fè pou li,yon èd ki va sanble ak li ». Donk, BonDye fè sa nenpòt nan nou t'a fè tou natirèlman nan pwen sa : Li fè Adan bay tout zannimo yo non.[7]

Kounye-a si w mande w sa k'ap pase sou tè-a la,se pa ou sèl! Senaryo sa ki pase nan istwa a te fè anpil moun grate tèt yo. Majorite moun, menm kèk ki kretyen depi lontan jis konsidere l kòm yon bèl ti istwa pou timoun yo fè pase pou entèmed, yon sòt poz piblisite avan istwa redemare ankò avèk kreyasyon Èv. Men si w vle konprann Bib la, yon prensip enpòtan pou sonje se sa, anyen ladan pa fèt o aza. Istwa Adan k'ap bay bèt yo non an fè de bagay enpòtan. Tou dabò BonDye ap bay Adan yon lesond choz enpòtan. Kòm tout zannimo yo, zwazo yo,pwason

(7) Jenèz 2:8-10, 18

yo ak ensèk yoap fè la parad deva l, Adan t'ap imajine mo tankou : « Tig, Rinosewòs, Makak » ! Li vin reyalize pa gen youn nan kreyati sa yo ki ka sèvi l konpay. Pa gen youn ki konn li.

Osito mesaj sa fin pase,BonDye fè Adan plonje nan yon pwofon somèy,epi li pran youn nan zo kòt li yo, ak zokòt sa, BonDye kreye premye fanm nan,ki t'a pral konpay Adan. Imajine kontantman Adan, lè l reveye epi li wè Èv kanpe la! Li te bon nèt ! Espesyalman aprè l fin wè kòman balèn ble, jiraf, ak eskabo pa t'ap ka sèvi l konpay, Adan pale byen fò, li di: « Anfen, sila a se zo ki sòti nan zo mwen; yo va rele fanm, paske se nan gason li soti ».[8] Se youn nan rezon pouki Bon-Dye te fè Adan bay tout bèt sa yo non. Li te vle l konnen, san okenn dout, fanm sa ki kanpe devan l nan, te kreye espesyalman pou li, e menm, nan fason ki pi entim, fanm nan te soti nan li.

Te gen yon lòt bagay ki te pase ankò nan bay bèt yo non an. BonDye te dwe pran plezi pou l ap gade Adan ap fè travay sa, men se pat sèlamn plezi ak jwèt. Se te yon fason tou pou BonDye fè Adan konnen li gen travay pou l fè nan mond la an tan ke kouwònman kreyasyon an, se sèl kreyati ki fèt selon imaj BonDye a. bay yon bagay non se yon fason pou

(8) Jenèz 2:23

egzèse otorite sou li, plis ke jan yon manman ak yon papa gen privilèj pou bay pitit yo non. Donk lè Adan t'ap bay bèt yo non-an, an reyalite li t'ap egzèse otorite sou yo.[8] li t'ap egèse travay li kòm vis prezidan kreyasyon BonDye a, anba sipèviyon li menm.

Evènman sa gen ankò gwo siyifikasyon, lè nou reyalize osito Adan wè fanm nan li bay li yon non "yo va rele l fanm"_ e pita Bib la di I te bay non ankò _ " gason an te rele non madanm li èv". Nou ka wè sa Bon Dye ap fè isit la. Lap enstitiye tout yon sistèm otorite kote yo bay Adan otorite sou Èv, e tou lè de(2) ansanm kom mari ak madanm, yo bay yo otorite sou kreyasyon an, tout sa fèt pou reflete reyalite Bon Dye ki chita sou twòn ki pi wo pase tout bagay. Sa antre toutomwens nan sa Bon Dye te vle di lè l te di l'ap kreye gason an ak fanm nan « nan imaj li ». Wa, konkeran yo konn itilize yon imaj ou yon estati pou fè moun yo konkeri yo wè kiyès k'ap dirije yo kounye-a. Lè yo plase l nan yon pozisyon elve pou prèske tout moun nan rejyon an kapab wè l, li di tout pèp la : « men wa nou an ». Se te konsa pou Adan ak Èv nan kreyasyon Bon Dye-a kelkeswa lòt lide ki genyen nan kreye nan imaj Bon Dye-a, li vle di lèzòm dwe kanpe nan mond la pou fè tout linivè sonje Bon Dye se wa menm lè yo gen pou egzèse otorite sou kreyasyon-an, yo te dwe fè l kòm reprezantan gran wa-a, Bon Dye li menm.

Asireman tout bagay sa yo te fè satan fache nèt.

Devastasyon an te preske total

Atak Satan kont lèzòm te kalkile ak presizyon pou ranvèse tout bagay Bon Dye te fè nan jaden-an. Ou wè, li pat sèlman enterese pou l fè yon sèl grenn moun komèt yon sèl peche kont Bon Dye. Li te vle ranvèse tout otorite, chak wa ak chèf Bondye te enstitiye. Li te vle tounen lanvè tout estrikti kreyasyon-an_ depi nan pye jis nan tèt_ epi li te vle imilye Bondye.

Bib la rapòte Bon Dye te di Adan ak Ev yo lib pou manje nan nenpòt pye bwa nan jaden Eden nan, eksepte yon sèl_ pye bwa konesans Byen ak Mal-la. Pye bwa sa gen gran enpotans pou kèk rezon. Pou yon premye bagay, li te la pou fè moun yo sonje otorite yo gen sou krayasyon-an pa t' soti nan yo menm. e li te limite ; yo pa te souveren. Lè Bon Dye te defann yo manje fwi li, se pa karis li t'ap fè. Li te jisteman ap fè Adan ak Èv sonje li se wa-yo, menm si yo te onore kòm vis-jeran kreyasyon-an, li se kreyatè e Seyè. Se pou sa pinisyon li te pwomèt pou dezobeyisans la te sevè : « Jou nou manje ladan l, n'ap mouri sèten ».[9] Pou Adan ak Èv dezobeyi kòmandman sa se eseye ranvèse otorite BonDye, esansyèlman se yon deklarasyon la gè kont wa-yo a.

Pye bwa-a te enpòtan pou yon lòt rezon ankò. Premye moun ki t'ap li Jenèz la,yo te kapab reyalize imedyatman « konnen byen ak mal », Se te travay tipik yon jij an izrayèl. Sa te vle di jij la te la

---

(9) Jenèz 2:17

poul te disène sa ki byen ak sa ki mal, epi se konsa li t'ap kapab pran desizyon ki reflete reyalite sa yo. Sepandan pye bwa konesans byen ak mal la te yon kote pou jijman fèt. Se la Adan te gen pou l egzèse otorite l kòm pwotektè jaden Bondye a, li te dwe fè sèten pa gen okenn bagay ki antre nan jaden an, e si sa te rive, fè sèten move bagay sa te jij e chasel lwen jaden an.

Se te la egzateman nan pye bwa jijman an ki la pou fè Adan sonje se Bondye kipi gwo chèf la, Satan te fè atak li a. li pran fòm yon sèpan, li pale ak Ev pou sigjerel kraze kòmandman Bondye, epi manje fwi a. men kijan Jenèz rakonte sa :

Se sèpan an ki te pi rize pami tout bèt raje Seyè a Bondye a te kreye.li di fanm nan konsa ; Eske se vre Bondye te di piga nou janm manje donn tout pye bwa ki nan jaden an ? Fanm nan reponn sèpan an : " nou gen dwa manje donn tout pye bwa ki nan Jaden an, men kanta pou pye bwa ki nan mitan jaden an, Bondye te di : piga nou manje ladan l', piga nou manyen l menm, sinon, nap mouri." Men sèpan an, di fanm nan : " se pa vre, nou pap mouri kras. Bondye di nou sa, paske l konnen jou nou manje l je nou va louvri. Na vin tankou Bondye, na konn sa ki byen ak sa ki mal." Fanm nan gade, li wè jan pye bwa bèl, jan fwi yo sanble yo ta bon nan bouche, li santi li ta manje ladan l pou je l ka louvri. Li keyi kèk fwi li manje. Li pote bay mari l, ki manje tout.[10]

---

(10) Jenèz 3:1-6

Sete yon rezilta trajik, toutomwens nan moman sa, yon viktwa prèske total pou Satan. Non sèlman li te konvenk moun yo pou dezobeyi Bondye ki tèlman renmen yo, pandan l ap pwomèt yo li menm tout sa l te toujou vle, " Pou l tankou Bondye." Men l te eseye fè sal tap eseye fè depi nan kòmansman an : li ranvèse tout enstriksyon ak otorite kreyasyon an.

Men kòman : Eske w te janm mande tèt ou pouki Satan te vin kot Èv ak tantasyon li an, olye al kote Adan ? menm si se Adan kite resevwa otorite, epi menm si rès bib la Konstaman blame Adan pou peche a, an reyalite se kote Ev Satan te ale avan. Poukisa ? se paske Satan te panse nan yon sans Ev ta ka tonbe pi fasil. Non, tout plan li se te pou l imilye Bondye epi chavire…

Otorite li a. Epi li vle fe sa ak gwo konviksyon l, e nan degre ki pi pwofon posib. Konsa, li pa te sèlman vle fè Adan peche kont Bondye, li te vle Ev kòwonp Adan pou fèl tonbe nan rebelyon kont Bondye. Men alò, gen plis toujou : eske w te janm mande tèt ou poukisa Satan te vin kot moun yo sou fòm sèpan an ? pouki l pat vini sou fòm yon lòt moun, ou byen yon chen bèje ? menm rezon an : se paske Satan te vle pou ranvèsman otorite Bondye a te kapab total e konplèt. Kidonk li vini kòm yon animal sou ki Adan ak Ev te gen otorite, epi tou (poun pale senbolikman) animal ki te pi ba pase tout lòt yo tonbe tanko bout domino. Yon bèt raz tonbe fanm nan, ki li menm kòwonp gason an ki limenm deklare lagè kont Bondye.

Devastasyon an te prèske total. Adan te echew nan tach li nan tout fason ou ka imajine. Olye i jije sèpan an, nan pye bwa konesans Byen ak Mal la pou mal li fè, li mete l ak Satan nan rebelyon kont Bondye. Olye li kwè nan pawòl Bondye epi aji daprè kwasans li. Olye li soumèt devan Bondye e egzekite wòl kòm vis jeran li deside vle pran gwo kouwòn nan tèt pa li. Menm jan ak sa Satan te vle avan l te deside li vle "tankou Bondye".

Yon mond an Kochma

Rezilta peche Adan an, yo te katastwòfik. Avèk mond lan ki kounye a an rebelyon kont kreyatè a, Bondye te egzekite jistis li e li te modi gason an ak fanm, tankou li te fèl kont si la ki te tante yo a. pou gason an ak fanm lan li te dekrete lavi a pat tap yon paradi pou yo ankò. Li tap di yo yo gen pou fòse nan la penn. Se nan soufrans yo tapfè pitit, travay tap vin penib e tè a ta vin ava pou pwodwi li ak fwi li yo. Sa ki pi rèd Adan ak Ev te vin sevre nan relasyon entim yo t ap jwi ak Bondye te fè pou si yo dezobeyi l. Wi, yon jou Adan ak Ev ta gen pou yo mouri men lanmò pi grav yo te sibi se te lanmò espirityèl. Yo te separe ak Bondye, si la ki bay la vi a e nanm yo te mouri anba fado dezobeyisans yo a.

Li enpòtan pou n konprann peche Adan ak Ev la pat afekte yo menm sèl. Li te afekte tout desandan yo tou. Konsa pwochen chapit yo nan Bib la ap montre nou kòman peche a ap pwogrese ofiyamezi jenerayon yo ap pase. Kayen, pitit gason Adan ak Ev la te asasine pwòp frè li Abèl, tèlman li gen ògèy ak jalouzi, e apati de la, peche lèzòm k`omanse pran yon pouvwa kap vin pi fò chak jou sou kè lèzòm. Desandan Kayen te fè kèk pwogrè nan domèn kiltirèl se vre yo konstwi yon vil e yo avanse nan teknoloji ak nan travay atistik. Men istwa biblik la montre klèman, de jou an jou lèzòm tap vin pi rèd nan peche yo, pi fon nan rebelyon kont Bondye, nan imoralite ak vyolans. Youn nan desandan Kayen yo te menm arive vante tèt li paske l te tiye yon moun ki te sèlman blese l, e i te vante tèt li pou l te di ke l ap vanje 77 fwa kont nenpòt moun ki ta oze fèl yon bagay mal. Peche te kreye yon mond an kochma(yon mond tèt chaje, N.Tr)[11]

Nan menm moman an, relzita fizik santans lanmò Bondye te pwononse kont Adan ak Ev la ke kò yo tap retounen nan latè kòm pousyè tap egzekite, pa kont yo dirèkteman, men... kont tout limanite. Gen yon chapit enteresan nan Jenè ki bay yon lis desandan Adan yo e konbyen tan yo te viv. Sa ki ekstwodinè ladan epa konbyen tan moun yo te viv lè sa a se kòman chak atik yo fini. Plizye e plizyè fwa, rapò sou la vi yo te fini ak fraz sa a : " epi li te mouri."Adan te viv 930 tan, epi li te mouri, Set te viv 912 zan, epi lite mouri, Enòk... epi li te mouri. Kenan... li te mouri, Mahalaleyèl ak Jarèd ak Metouchela... yo tout nèt te mouri. Jan Bondye te di l la, lanmò t ap renye pami lèzòm.[12]

(11) Jenèz 4:17-24
(12) Jenèz 5

Eske w wè enpòtans sa genyen ? lè Adan te peche li pat sèlman fè sa kòm sèl moun non plis li pat soufri konsekans peche li a, kòm yon sèl moun. Lèl te peche a, li te fè sa kòm reprezantan tout moun ki tap vini aprè li. Se pou sa Apot Pòl te di nan Nouvo Testaman an, " yon sèl transgresyon te mennen kondanasyon pou tout moun." Epi " dezobeyisans yon sèl moun lakòz tout moun vin peche."[13] Adan te reprezante nou tout, li te aji pou nou tout, li te rebele pou nou tout.

Souvan reyalite sa frape moun tankou yon bagay ki enjis. Gen moun ki di : " m ta pito reprezante tèt mwen, men non pou yon lòt moun reprezante m." menm si li klè sa pat sanbe frape youn nan desandan Adan yo nan fason sa. Pwobableman se te omwens an pati , paske yo te konnen, si Bondye te kite yo chak moun, e tout moun pami yo pou kont li, yo pa tap fè pi byen pase Adan. Men tou se paske yo te konnenn sèl espwa yo te gen pou yo sove, se si Bondye ki te voye yon lòt moun, yon lòt reprezantan, yon lòt Adan nan fason n' pale. Ki ta kanpe nan plas yo ankò, epi fwa sa a ki ta sove yo. Adan te reprezante lèzom nan soumisyon devan Satan e nan rebelyon kob\nt Bondye, et viktwa sou Satan.

Tout Bagay la se te sa

E sa mennen egzakteman nan sa Bondye te pwomèt poul fè a. Prèske imedyatman, nan mitan gwo konsekans peche Adan ak

(13) Romen 5:18-19

Ev la, Bondye te pwomèt l'ap travay pou sove lèzòm pandan lap voye yon lòt reprezantan, yon lòt Adan pou kanpe nan plas yo e fwa sa a pou rapòte Sali a pou yo. Se yon moman mèvèye ki bay espwa, lè Bondye fè pwomès sa, paske li vini nan moman ki fè plis nwa posib, lè Bondye ap egzekite jijman kont sèpan an, ki te tante Adan ak Ev pou fè yo peche nan premye plas la. Men kòman Jenèz rapòte sa Bondye te di a

Paske ou fè sa,

Ou madichonnen pami tout bèt ki nan Jaden an ak tout bèt nan bwa.

Map mete inimitye ant ou menm ak fanm nan.

Pitit pitit li ak pitit pitit ou va lenmi tou.

Pitit pitit li va kraze tèt ou

Epi ou menm wap mòdel nan talon pyel.[14]

Eske w wè pwomès lan nan finisman an ? yon Jou, Bondye ap voye yon moun pou kraze tèt Satan yon fwa pou tout. Annenmo, moun sa ta va fè sa Adan te dwe fè kòm reprezantan e pandan lap fe sa.

Li ta va sove yo anba dezas, peche yo a, te mennen sou yo menm e sou le mond antye.

Apati de moman sa, pwomès yon lòt reprezantan an, yon lòt Adan te devni pi gran espwa limanite. Jenerasyon aprè jenerasyon

---

(14) Jenèz 3:14-15

tap antisipe jou kote Bondye menm mande si moun sa isi ou moun sa la ba a, pa ta kapab redanmtè yo te pwomèt la. Ki donk lè Noye te fèt, papa l Lamek te rele pou di ak espwa, " si la, ki soti nan tè Bondye te modi a va pote soulajman pou nou. "[15] Men evidaman se pa sa ki te fèt. Wi, tankou Adan Noye te vin reprezante la ras imèn, men preske imedyatman aprè li te sòti nan lach la li pwouve ke li se pechè. Fo dezyèm Adan sa te echwe menm jan ak premye a, e li te klè, redanmtè a pat anko vini.

Nan tout epòk yo, e finalman atravè istwa pèp Izrayèl la, espwa moun yo pou akonplisman pwomès Bondye a te repoze sou yon reprezantan aprè yon lòt. Moyiz, Jozye, David, Saloman, jij yo ak wa yo. Chak Jenerasyon te espere ki se sila kit a kapab moun limanite ap tann nan. Men chak fwa se te yon fo espwa.

Men alò Jezi te vini, dènyè Adan ki ta dwe kanpe kòm repreantan limannite a e fè sa Adam ampat reyisi fè a. se sa ki fè konfwontasyon an.

Ant Jezi ak Satan nan dezè a te si enpòtan. Non sèlman Jezi te kanpe kòm defansè Izrayèl, wa Davidik la, men li te kanpe kòm defansè limanite, sila ki ta pral genyen kote premye paran lèzòm, Adan, te pèdi.

Eske w sonje twa tantasyon Satan te itilize kont Jezi nan dezè a ? yo te twa gwo echèk pou pèp Izrayèl la, wi, men tou yo te nan

(15) Jenèz 5 :29

mitan sa Satan te tante Adan ak Ev pou yo fè nan jaden an. Li pa difisil pou tande eko yo :

Fè wòch yo tounen pen Jezi ou grangou ; bay tèt ou satisfaksyon kounye a.

Gade fwi sa, Adan ; li bèl nan zye w pranl kounye a. eske reyèlman Bondye kenbe pwomès li yo, Jezi ? Bon me'w di l pap fèl. Poukisa w pa mande l pou l ba w prèv ?

Eske reyèlman Bondye te di wap mouri Adan ? bon me'w di w pap mouri. Ann pase l yon tès poun wè

Bese tèt ou devan m e adore mma va ba w ou tout wayòm ki nan mond lan. Obeyi m Adan, adore m e m ap fè w vin tankou Bondye.

Batay Jezi ta mennen kont Satan nan jou sa pat sèlman yon batay pèsonèl. Wi, li te eksperimante tantasyon pou l te ka senpatize ak moun li yo, menm jan tou li tap fè yon bagay moun li yo pa te janm kapab fè rezizste devan tantasyon jis nan dènyè bout fòs li, epuizel epi venk li. Epi pandan pwosesis la, kòm li te goumen nan non pèp li a, kont ènmi mòtèl yo a, li tap fè sa l te dwe fè depi nan kòmansman an. Li ta obeyi, onore, adore Bondye pou yo, kòm wa yo reprezantan yo ak kòm chanpyon yo.

Men sa pat ankò fini. Menm si Satan te pèdi batay, malediksyon " ou va mouri asireman, " Malè sa pandye sou tèt limanite tankou yon nepe. Donk menm si wa Jezi te venk Satan pandan l tap andire tantasyon yo jis ka lafen, e an reyalite li tap mennen tout vi l yon fason ki dwat devan Bondye. La jistis te toujou ap rele pou di senpleman yo pa ka fèmen je yo sou peche yo ou bien mete yo yon kote. Yo te rebele kont Bondye e la jistis pat mande lòt bagay ke santans Bondye te pwononse kont yo a. lanmò èspirityèl, separasyon ak Bondye menm kòlè Bondye kapab egzekite totalman. Si yo fè nenpot bagay ki mwens ke sa i ta kapab fè moun doute de karaktè Bondye menm.

Ou wè, wa Jezi ta pral sove pèp li a anba peche li yo, li sèlman pat ase pou venk gro ènmi yo a. aprè tout bagay se sèl tante Satan te tante yo pou yo peche. Se yo menm ki te pran desizyon pou rebele kont Bondye. Sa vle di yo merite santans lanmò a, e yo te dwe sibi l toujou. Konsa, pou Jezi kapab sove pèp li a, Jezi te dwe retire malediksyon sa a. li ta gen pou l kite santans Bondye te pwononse a. kòlè ki kòrèk kont peche a tonbe sou li (Jezi) olye li tonbe sou yo (pèp la, N. Tr). Li ta gen pou l kanpe tankou ranplasan yo, non sèlman nan la vi yo, men egalman nan lanmò.

Tout bagay sa yo mennen nou nan sa nap di la a: pou pèp la viv fòk liberatè li a mouri.

CHAPIT SÈT (7)

TI MOUTON BONDYE, SAKRIFIS POU LÒM

Jan Batis te konnen pouki rezon Jezi te vini, e li te konnen kisa Jezi ta gen pou l fè poul sove pèp li a. lè l wè Jezi ap desann bò larivyè jouden an pou l resevwa batèm, Jan lonje dwèt li sou li epi li fè deklarasyon ki te ka bay tout pèp la frison e mete l nan konfizyon an menm tan : " Gade mouton Bondye a, ki retire peche mond lan"[1], jwif yo te abitye anpil ak lide ofri mouton bay Bondye pou retire peche. Men la ankò, poukisa Jan te itilize tèm sa pou l te pale de yon moun ? Sa te anonse yon malè. Aprè tout bagay, tout moun te konnen sak rive yon mouton si yo ta ofril bay Bondye kòm sakrifis pou peche.

Gòjèt li te koupe, epi li te senyen jous li arive mouri.

---

(1) Jan 1:29

Fok yon moun te mouri

Pafwa gen moun ki di, sistèm sakrifis jwif yo sòti nan lè Izrayelit yo tap sòti nan lesklavaj nan peyi Lejip, men an reyalite rasin ki pi fon i yo sòti nan jaden Edèn nan, nan santans Bondye te pwononse sou Adan ak Ev lè yo …

Te chwazi rebele kont li. Si w vle konprann sakrifis Jwif e finalman siyifikasyon Jezi li menm ou dwe konprann lè Bondye t di Adan ak Ev si yo peche yap mouri se pa desizyon abitrè li te pran. Se pa kòm si li te ka di : " jou ou manje ladan l la menm wap tounen yon krapo " ou byen " wap tounen yon bagay. "

Rezon ki fè Bondye deklare lanmò pou konesans peche, se paske li te pafètman konvenab e kòrèk pou li pou l fè sa. Jan Pòl ta pral di l pita nan Nouvo Testaman an " salè (se pri ou merite ki kòrèk) peche se lanmò."[2] li pa difisil pou wè pouki. Tou dabò lè Adan ak Ev te peche, se pat kèk règ san enpòtans Bondye te mete an plas yo te vyole. Kòm nou te deja wè yo te chwazi ranvèse otorite yo gen sou yo. Esansyèlman, yo te deklare endepandans yo anba volonte Bondye. Natirèlman pwoblèm kite gen nan sa, se Bondye si la menm yo tedeklare endepandans yo anba l la ki te sous nouriti lavi yo. Se li menm ki te soufle souf la vi nan poumon yo e kit e kenbe yo nan

(2) Romen 6:23

egzistans ; donk lè yo te brize relasyon yo avèl sa vle lè yo te koupe fache ak li yo te brize an menm tan koneksyon yo ak sila ki sous la vi a.

Se pa sa sèlman, men li jis e li bon pou Bondye fache kont rebèl yo. Bib la di nou Bondye pafètman bon li dwat e li jis nan karaktè l menm. Puiske se konsa, se pa ta dwe etonan lè li reyaji ak rayisman kont peche ki se anbwase sa ki mal e jete sa ki byen, sa ki dwat ak sa ki jis. Nòmalman, kolèBondye pa tankou kolè lèzòm, li pa eksploze san kontwòl.okontrè se yon opozisyon ki kalme kont peche e yon angajman pou detwi l. Se poutèt sa Bondye te di Adan ak Èv yo va mouri lè yo peche e se pou sa tout moun kounya anba santans lanmò : avèk peche nou lè nou twoke bonte Bondyeak le mal egoyis. Nou merite kolè Bondye e nou separe tèt nou ak sous ki bay lavi a.

Vwala se jiske la sistèm sakrifis pèp Izrayèl la soti. Bondye pran tan anseye pèp li apeche daprè sa li ye menm, li merite e li mande lanmò kòm salè. Men genyen yon lòt prensip ke Bondye tap anseye pèp li a nan sakrifis yo tou yon prensip ki te bay espwa nan mitan sa ki te nan yon dezespwaki fè wont : penalite lanmò a pat dwe tonbe sou moun ki fè peche a (li te ka tonbe sou yon ranplasman kalifye N.Tr)

O ! fòk te gen yon moun ki peye pou li. Kanmenm se lanmò peche a kanmenm se lanmò peche a mande men Bondye nan amoul ak mierikòd li, te pèmèt santans lanmò a te ka egziste sou yon ranplasman ki ta kanpe nan plas peche a. Si w reflechi sou li ou kapab wè kòman aranjman sa a ap eksprime ak elegans e jistis Bondye kip a gen fòs kote e mizerikòd li. Pèn peche a mande a ap sibi jistis la ap satisfè men peche a pap mouri obligatwaman.

Petèt egzanp ki pi dramatik pou prensip sa a se te fèt pak la, se selebrasyon kòman finalman Bondye te sove pèp li an an esklavaj soti nan peyi Lejip. Fèt pak la ta sanbleak youn nan nwit kote Bondye nan yon fason dramatik e tèrib.te egzekite santans lanmò asou pèp Ejipsyen an. Plizyè e plizyè fwa, pandan premyè semèn yo Bondye te evèti Farawon si li refize kite Izrayelit yo ale li pap resevwa lòt bagay ke lanmò pou li ak pou pèp li a. epin fwa diferan Bondye teegzèse pouvwa li ak souverènte l sou peyi Lejip ak yon seri kalamite ki te frape tout nasyon an. Avèk kalamite sa yo Bondye te fè fas kare ak l`ot bondye peyi Lejip yo e li bat yo li fè yo mete ajenou youn aprè lòt. E li pwouve Ejipsyen se li e se li sèl ki Bondye.

Gwo soufrans kalamite yo rive nan eta ki pi rèd nan dizyèm nan. Men kòman Bondye dekri bay Moyiz sa li pral fè p`ep Ejipsyen an:

Senyè a di Moyiz: '' mw pral voye yon lòt malè sou Farawon ak sou peyi Lejip la. Aprè sa la kite nou ale.....Aswè a nan mitan lannwit map pase nan kay moun peyi Lejip yo. Tout premye pitit gason moun peyi Lejip pral mouri, depi premye pitit Farawon an ki chita sou fòtèy la, jou premye pitit gason sèvant ki ap travay nan moulen. Premye pitit tout bèt pralmouri tou. Pral gen yon sèl gwr`el nan tout peyi a, rèl moun poko janm tande, rèl moun pap janm tande ankò. Men nan mitan pèp Izrayèl la ou pap janm tande yon chen wouke paske ni moun ni b`et pap mouri la a. konsa wa konnen ke Senyè a fè diferans ant p Ejipsyen ak ak pèp Izrayèl la. "[3]

Se te yon jijman ravaj Bondye ta pral voye men tou li te pwomèt ke li ap epanye pèp li a. Si yo obeyi l epi swiv enstriksyon li yo.

Sa Bondye te di pèp li a fè a, nanli menm li te fè pèp li a pè anpil. Li te di yo nan mitan lannwit la pitit gason yo va mouri chak fanmi te dwe pran yon mouton e se pa yon mouton ki gen defo men youn ki san defo men san okenn enfimite ni okenn tach.

Sou kòl ni okenn bagay konsa epi touyle lèl kòmanse fè nwit. Lè sa fanmi an te dwe manje vyann nan ak kè kontan. Men sa ki enpòtan ankò Bondye te di yo pran anpe san nan bèt a pase nan lento pòt kay yo. Se sa kit e pi enpòtan an tout bagay nan tout bagay sa yo paske Bondye l`e lap traverse peyi Lejip la poul pa touye premye pitit pa yo tout fòk li taw è san sou lento pòt kay yo e lè sa a kalamite a pap frappe yo yo menm. Si mouton an epi fanmi an kache dèyè san mouton sa a kite mouri a e yap sove (fanmi an).[4]

(3) Exòd 11:1, 4-7
(4) Exòd 12:1-13

Kounye a, kanpe la reflechi pou yon segonn: vrèman ou dwe mande si pèp Izrayèl la pat yon ti jan etone pou l tande ke Bondye ta pral traverse kay yo ak vilaj yo tou! Sa pat pase konsa pou nèf (9) kalamite pase yo. Ladan yo krapo yo, moustik yo, mouch yo, krikèt yo, lagrèl yo, gwo fènwa a, klou sou kò yo ak san an te afekte tout peyi Lejip eksepte vil kote Izrayelit yo ye te rete a. Jiske la Bondye te pran swen pou mete yon diferans ant yo menm ak Ejipsyen yo e yo pat gen anyen pou yo te fè sinon rete gade sa kap pase yo. Men kounye a Bondye di yo li va vizite kay yo ak kalamite lanmò a, e yo va mouri tankou Ejipsyen yo, si yo pa kwè nan li epi obeyi l.

Nan nwit kote Bondye te travèse vil yo an Ejip, lè l tap tiye premye pitit yo youn pa youn pou peche a.

Asireman nuit sa a te fè tout moun nèt pè anpil. Tout peyi a te ranpli ak gwo rèl Ejipsyen yo tap pouse pandan pitit yo tap mouri nan nuit la. Gen moun kap mande si pat gen Izrayelit ki tap kriye tou tèlman yo te regrèt sila yo ki pat kwè e ki tap pase pawòl Bondye a nan tenten. Bib la pa di anyen sou sa.

Eske w wè sa Bondye t ap anseye pèp li a nan nuit sa ? tou dabòsa te ka fè kè yo kase lè yo sonje pwòp tò/fot yo. Lè tout bagay sa va fin pase Bondye ta fè yo sonje ke pat merite jijman ak lanmò mwens pase Ejipsyen yo. Yo menm tou yo te koupab pou peche yo.

Men te gen lòt leson ankò. Pouvwa ak siyifikasyon yon bèt ki mouri an sakrifis nan plas yon moun bagay sa tap rete grave nan lespri yo ak nan kè yo. Tiye yon mouton pat yon bagay pwòp ; li te gen doulè ak anpil san. Papa fanmi an lese bese bò kote bèt la, li rale yon koute li koupe gòjèt bèt la, epi san an te gaye atè jiskaske bèt la bat kò li tire epi li mouri. E lè sa a fin pase enstenktivman je tout moun tap sòti sou mouton an ki tap mouri a. pou yo gade yon ti gason ke tout fanmi an tap konnen. Mouton sa a tap mouri pou Ti Jozye nou sa a pa mouri li menm. Mouton sa a te mouri nan plas Jozye.

Nou wè sa ? Bondye t ap anseye pèp li a, nan yon fason yo ka wè e ki fè yo mal .... Senpman se chifon sou peche yo. Fòk gens an ki koule pou li. Fòk te gen youn ki mouri paske se sa pèn peche a te mande. E se konsa pandan papa a te pase san an sou lento pòt la, li rekeyi Ti Jozye nan bwal epi li fèmen pòt kay la dèyè dol e se konsa tout fanmi an tap aprann rekonèt ke yo tout te koupab e yo te merite lanmò. Bondye pat epanye yo paske yo te inosan li pat sove yo nan yon sans paske yo te mwens merite lanmò pase Ejipsyon yo men li te sove yo paske gen yon lòt ki te mouri nan plas yo. Pandan Bondye tap pase ak nepe jijman an nan menl pèp la tap mete konfyans yo nan san mouton an.

Fwa sa a se pa sèlman yon bèt.

Kòm tan tap pase Bondye te mete sou pye tout yon sistèm sakrifis kote pèp li te prann konnnen peche yo fè se bagay reyèl yo fè ki pi mal, yon lòt moun te ka peyel nan plas yo. Men egalman li te kòmanse anseye yo se pa tout tan se bèf ki va pote pinisyon pou peche yo. Pi bèl egzanp pou bagay sa a li fasil pou nou bliye l, tèlman li manke parèt. Epoutan li se youn nan pwen ki pi pwofon, e pi enpòtan nan tout ansyen testaman an. Aprè Izrayelit yo te chape kouri kite peyi Lejip, yo te pase yon bann tan ap moute desann nan dezè a. e kwè si ou vle, yo tap plenyen Bondye pat ba yo ase (menm ase bon) manje ak dlo. Chak fwa Bondye founi yo sa yo bezwen e chak fwa yo plenyen ak gwonde kont li. Nan Egzòd 17, la Bib pale nou de yon okazyon kote omwens li sanble pou premye fwa li parèt yon lòt fwa Izrayelit yo te plenyen pou Bondye te ba yo dlo. Men an reyalite se te yon bagay ki te enfiniman plis pase sa Bondye tapral anseye pèp li a. yon bagay an patikilye ki te nouvo e tout moun pa tap tann.

Nan menm jou sa, pèp la te rive yon kote ki rele Refidim e menm jan yo te fè anpil fwa deja yo te kòmanse pou di Bondye mennen yo nan dezè a pou touye yo fwa sa ak swaf. Men la nan Refidim plen Izrayelit yo te vin pi grav. Bib la di klèman fwa sa ke yo pase Bondye a leprèv. Sevre se Moyiz yo ta pral touye anba kout wòch, men Moyiz te sèlman pòt pawòl Bondye. Se pat ak Moyiz ke pèp la te gen vrè pwoblèm li, men ak Bondye. Li te mennen yo nan dezè a pou yo mouri e kounye a yo akize Bondye tankou kriminèl.

Bib la dekri enstriksyon Bondye te bay Moyiz lè pèp la tap akize l la. Li mande Moyiz poul rasanble pèp la devanl ansanm ak ansyen yo nan pèp Izrayèl la. Sa te gen yon gwo siyifikasyon paske se ansyen yo ki te konn jije pèp la, se yo ki te konn fè jijman yon gwo akizasyon konsa. Anplis de sa, Bondye te di Moyiz vini ak baton l lan. Sa tou se yon detay enpòtan, paske se pat nenpòt baton li te ye. Se baton Moyiz te frape flèv Nil li te tounen san an, e li te frape Sab yo pou yo te tounen pou, li te lonje l sou lanmè wouj li te kouvri tout lame pèp Ejipsyen an. Nan yon mo baton moyiz te konn sèvi pou l fè jijman.

Konsa tout sa k tap pase te anonse malè. Pèp la te rasanble e ansyen yo te la baton jijman an te prezan. Se kòmsi Bondye tap di pèp li a ki tap gonfle nan rebelyon : ‘‘ nou vle pwosè ? oke, ann fè pwosè ! ‘‘ gen yon moun yo tapral kondane. Jijman tapral pwononse.

Men kont ki moun? Se pa kont Bondye men kont pèp Izrayèl akoz plenyen yo, gwondman yo, infidelite yo anvè Bondye, alòske plizyè e plizyè fwa nan chak okazyon Bondye te toujou fidèl anvè yo. Baton jijman an ta pral tonbe sou yo menm.

Men lè sa evènman yo rive sanzatann. Sa fèt yon fason ki tèlman rafine menm moun ki kretyen depi lontan yo pa wèl. Gade kòman Bib la dekri sak te pase a:

Moyiz menm lapriyè nan pye Bondye. Li di l konsa: Kisa poum fè ak moun sa yo? Yo sanlè touye m ak kout wòch ! Seyè a di Moyiz : Pran chèf fanmi pèp Izrayèl la avèk ou, Pase devan pèp la. Kenbe baton ou te sèvi pou w te frape gwo larivyè Nil la nan men ou epi mache Mwen menm map kanpe laba a, dwat devan ou sou gwo wòch Orèb la. Wa frape wòch la epi dlo va soti ladan l Pèp la va bwè. Se sa menm Moyiz te fè devan je chèf fanmi pèp Izrayèl la.[5]

Eske w wèl la nan mitan paragraf la ? Eske w wè kote baton jijman an te tonbe ? Sou wòch la wi, men kiyès ki sou wòch la ? Se Bondye ki la. ''Mwen va kanpe devan nou sou wòch la.'' Se sa Bondye te di : '' Epi nou va frape l''. Annou di Bondye ensiste pou l di '' avèk baton jijman avèk rezon, ki ta dwe tonbe sou pèp mwen an paske yo tap gwonde e paske yo te enfidèl, se avèk li nou va frape mwen.'' Donk Moyiz te fè sa. Ki rezilta yo te jwenn ? la vi te vide anabondans ; dlo te koule anpil sot nan wòch la ! sa se gran prensip ranplasman ki monte nan yon lòt nivo. Kounye a se pat senpman yon bèt men Bondye li menm, li pran sou li jijman ak madichon ki te dwe tonbe sou pè li a. e akòz de li yo tap viv men pat ap mouri.

Gran wa e gran sèvitè kap soufri a

A travè syèk yo, Bondye te anseye pèp li a plis chak jou sou prensip ranplasman an jiska pwofèt yo. Ezayi plis pase tout lòt pwofèt nan Ansyen Testaman an te finalman mare tout ansanm, nou te deja wè kòman Ezayi te pwofetize genyen yon wa ki tap vini, li tap soti nan Bondye, li tap dirije mond lan ak jistis ak

(5) Exòd 17:4-6

dwati ki bon nèt epi pou l sove pèp Bondye a anba moun kap peze l yo.[6] Bagay sa pou tèt pa l tapral bèl ase, men Ezayi te pwofetize ankò : " wa ki tap soti nan Bondye sila yo rele Bondye ki gen tout pisans lan ta gen pou jwe wòl sèvitè Bondye kap soufri a, ki ta pote peche pèp li a nan plas yo padan l tap pran santans lanmò yo te merite a. men kijan Ezayi prezante travay wa sèvitè kap soufri a, sa ki soti nan Bondye a:

> Men se soufrans nou ta gen pounn soufri a,
> Li tap soufri pou nou.
> Se doulè nou ta gen pou n santi nan kò nou an,
> Li te pran sou do l.
> Nou menm menm, nou te konprann se pini Bondye tap pini l
> Nou te konprann se frape Bondye tap frape l
> Se kraze Bondye tap kraze l anba men l.
> Men se pou peche nou, yo te mete san l deyò konsa.
> Sa akoz mechanste nou, yo te kraze l
> Anba kou kansa.
> Chatiman ki te pou nou an se sou li tonbe
> Se konsa li ban nou kè poze.
> Avèk tout kou li te resevwa yo, li ban nou gerizon.
> Nou te tankou mouton ki pèdi bann, chak moun kote pa yo.

(6) Ezayi 9:6-7

Men chatiman ki te pou tonbe sou nou an Senyè fè l tonbe sou li.

Apre tout soufrans sa yo li jwenn kè kontan ankò.

La konnen ke li pa t soufri pou grenmesi

Li te sèvi Bondye yon jan ki kòrèk

Li te pran chatiman anpil moun sou do l

La fè Bondye fè yo gras.[7]

Eske w wè sa Ezayi ap di a ? li di gran wa ta jis etabli yon wayòm ki dwat nèt ale. Kòm sèvitè kap soufri a, li te pran sou li tout li te sibi totalman pèn lanmò pou pèp li a. Li ta mete yo sou kondisyon pou yo kapab viv ak li pou tout tan nan wayòm li te etabli a.

Li te konnen poukisa li te vini

Se tout bagay sa yo Jan Batis te gen nan lespri l lè l te di : "Men ti mouton Bondye a ki va wete peche mond lan."[8] li te rekonèt Jezi kòm dènye sakrifis ki te mouri nan plas pèp li a. sèvitè kap soufri yo te pale sou li lontan anvan an. Kè yo te kraze pou inikite pèp li a.

E konsa kòm nou te wè Jezi te batize se pa paske l te bezwen repanti de peche men se paske l tap idantifye tèt li e li tap fè tè li fè yon sèl ak moun ki plen peche li te vin sove yo kòm pitit gason

---

(7) Ezayi 53: 4-6, 11
(8) Jan 1:29

Bondye, kòm reprezantan, kòm wa, kòm chanpyon, e kòm sèvitè Senyè a k ap soufri. Sa se dènye pati nan sa vwa ki te pale nan syèl la te vle di lè l te di : " sa se pitit mwen renmen anpil la, se nan li m pran tout plezi m."[9] Pawòl sa yo " se nan li m pran tout plezi m", se eko pawòl ki nan liv Ezayi kote Bondye te deja pale sou sèvitè kap soufri a.

Mwen espere nou wè kounye a bagay ekstraòdinè ki tap pase a kote la rivyè Jouden an. Avèk batèm li an, epi avèk pawòl say o ki sòti nan syèl la, Jezi tap antre totalman nan wòl li yo, nan fonksyon li yo, sa Bondye te prepare pou l f e depi nan kòmansman an. Ou ta kapab menm di avèk pawòl sa yo ki soti nan syèl la, Bondye deklare, Jezi kouwone nan twa sans avèk kouwòn ki sòti nan syèl la, kòm pitit Bondye ak kouwòn ke pèp Izrayèl la tap tann lontan an, epi ak kouwòn pi kan an, kòm sèvitè kap soufri ki te dwe sove pèp li a pandan lap mouri pou yo e nan plas yo. Se pa tankou nenpòt sa yo te yon sipriz pou Jezi. Li te konnen poukisa li te vini e li te konnen egzakteman kisa li tap gen pou l fè pou l sove pèp li a anba peche li yo. Li tap pou l te pote kòlè Bondye pou pèp li a. Se sa l te vle di lè l te li vini pou l "bay lavi l pou l peye pou plizyè moun"[10] Se sa l te vle di lè yo tap manje ansanm dènye fwa anvan te mouri a, e li te di yo : " bwè ladanl nou tout paske se ak san sa map pase yon kontra, se san sa ki va koule pou anpil moun

---

(9) Matye 3:17
(10) Matye 20:28

jwenn padon pou peche yo."[11] Langaj sa a se te yon senbòl, men reyalite li gen dèyè l te vrèman fò li te ka fè tè a fann. Jezi ta pral mouri. Pitit Bondye a ki la pou tout tan an, wa yo tap tann depi lontan an te déjà pran nepe ki te sot tonbe a e li te genyen batay pèp li a. kounye a li ta pra l peye pèn nan pou peche yo. Sèvitè kap soufri a ta pral pote inikite pèp li a, li mouri nan plas yo e li fè yo dwat devan Bondye.

Pa gen lòt mwayen

Nan nuit avanl mouri a Jezi pataje yon dènye soupe avèk disip li yo, e se te youn nan eksplikasyon ki pi klè pou siyifikasyon bagay sa yo. Chak ane Jwif yo te konn pataje Lapak pandan yo tap pataje manje youn ak lòt. Manje sa te la pou fè yo sonje gran delivrans Bondye te akonpli lè l te sove yo anba esklavaj an Ejip. Konsa lè Jezi ak disip li yo te pataje soupe sa, yo tap selebre yon gran delivrans. Men Jezi li menm te gen yon lòt entansyon ankò. Pandan l tap pataje soupe sa ak yo, li te eksplike kounye a gen yon travay delivrans ki ankò pi gran kap pase la a, yon travay ki sove pèp Bondye a pa sèlman anba lanmò fizik ak esklavaj, men anba esklavaj ak lanmò espirityèl. Gen yon travay lanmou ki menm pi gran ke soti an Ejip la ki tap fèt la a. Men sa Jezi di pandan dènye soupe a:

(11) Matye 26:27-28

Konsa pandan yo tap manje, Jezi pran pen an, e aprè li fin beni l, li kase l bay disip li yo, e li di " Pran, manje, sa se kò mwen." Epi li pran yon gode e aprè l fin di Bondye mèsi, li bay yo li, e li di " Bwè ladan l nou tout, paske se san mwen ak li mwen pase yon kontra, li koule pou anpil moun kapab jwenn padon pou peche yo."[12]

Se jiskela lanmou Jezi pou disip li yo te mennen l : fòk san l te vèse pou yo te kapab sove. Li te mouri pou yo te jwenn libète ak padon anba peche, anba mank la fwa ak rebelyon yo kont Bondye.

Sa ki vini aprè a, se youn nan kote nan bib la nou prèske pè mache. Tèlman li sansib e li soufri twòp. Aprè yo fin manje Jezi mennen disip li yon nan yo jaden ki rele Jetsemane. Li byen konnen sa k ap, vini donk li al nan yon distans pou l priye. Priyè Jezi te fè nan jaden an, te fèt nan gwo soufrans men li montre nou ankò ki fòs lanmò ki te mennen Jezi al mouri sou kwa a : " li te tonbe sou fas li e l priye konsa, Papam si l te posib pou gode soufrans sa pase lwen mwen, tout fwa se pa janm vle l la men jan w vle l la"[13]

Ou wè, an reyalite te gen yon fason pou gode a, gode kolè Bondye Jezi ta pral bwè a te pase lwen. Te gen yon fason pou l pat oblije bwè l ditou. E fason sa se pou lte kite nou menm pechè kondane e egzekite amò pou tout tan. Se sa Jezi te vle di lè l te di li gen douz (12) lejyon zanj a disposyon l.

(12) Matye 26:26-28
(13) Matye 26:39

Douz mil zanj te prèt nan yon bat je, nan yon kout souflèt Jezi ta bay, pou yo te mennen l tounen nan glwa li nan syèl la nan louwanj ak adorasyon anpil milya ak milya zanj ki ta pral onore l pou tout tan kòm pitit Bondye ki jis e ki dwat nèt ale.

Men li pat rele yo, li te kite yo kanpe nan pòt syèl la, yo sezi wè sa k ap pase paske Jezi ak Papa l te deside sove pèp yo a ki te pèdi. E yon fwa yo pran desizyon sa, se yon sèl mwayen ki te gen pou yo fè l. Fòk Jezi te bwè gode kòlè Bondye a. se kesyon sa Jezi te poze nan Jaden an : " Papa eske gen yon lòt mwayen pou sove yo ?" Eske l posib pou moun sila yo sove nan yon lòt fason olye m pote pen lanmò a, e pou m separe ak ou ?" Epi repons lan te vini an silan men san fot : " Non, pa gen lòt mwayen."

Poukisa ? Paske Bondye pat kapab pouse fatra peche a anba kapèt la. Li pa ka fè kòmsi l pa wèl, ou pretann li pat janm fèt ou bliyel kareman. Fòk li te trete l reyèlman, jisteman e kòrekteman. Aprè tout jan salmis la te di a "dwati ak jists se fondasyon twòn ou"[14] Se pou rezon sa Jezi te dwe bwè gode kòlè Bondye a, paske l te renmen nou, li te vle sove nou, wi se vre, men se paske li te renmen Bondye papa a tou e li pat vle wè glwa diminye pwosesi la. An menm tan nou tap sove fòk non Bondye te glorifye. Men pou tout sa fèt konsa se Jezi wa a ki te dwe mouri.

(14) Sòm 89:14; 97:2

Padan l ap mouri pandye sou kwa a

Fason women yo te konn krisifye moun nan ap rete youn nan metòd ekzekisyon ki pi lèd, pi imilyan e an menm tan pi fè moun wont lemond te janm konnen. Li te tèlman rèd. An reyalite entèlektyèl Grèk ak Women yo pa tap repete mo KWA na vizaj yon moun yo respekte. Sa se te yon mo avilisan toujou e moun yo te rayi fòm lanmò sa anpil.

Nan mond Women an krisifiksyon pat janm konn fèt an prive. Li te fèt yon fason brital, twomatizan, ouvètman devan je tout moun. Yo te fèl konsa pou fe mas pèp la pè epi soumèt anba otorite yo. Women yo te asire kwa yo kanpe kote kò moun ki tap mouri yo te pandye tou kraze, ap tòde ou byen kadav kap dekonpoze yo te souvan aliye a kote gran wout ki mennen nan vil yo. Yo te menm planifye pou gen gran kantite krisifiksyon pandan fèt nasyonal ak fèt relijyon yo, yon fason pou asire gen plis moun ki temwen bagay rèd sa. Yo te konn krisifye moun ki touye moun, vòlè, trèt, espesyalman esklav yo, britalman pa mil, atravè tout wayòm nan e sa te toujou fèt devan je tout moun. Lè yon moun te kondane pou krisifye, pat gen mwayen pou l chape se konsa menm otorite Women yo te vle sa fèt. Lè nou konnen yo te konn souvan krisifye anpil moun nan sosyete womèn nan moun ka sezi wè pa gen anpil istwa krisifiksyon ki rankonte. Men la ankò pèsonn pat vle ekri sou yon bagay konsa. E pou ki yo ta ekri sou sa ? Kwa se te yon opòtinite ke gouvènman an te dakò emenm ankouraje pou bouwo yo te egzèse sou kondane yo, tout vye lide sadik, brital e machan yo te ka envante. Donk petèt sa pa dwe fè moun sezi ditou, rapò nou gen sou krisifiksyon an toujou kout, abityèlman moun kap ekri pa bay detay. Yo sanble vle di : " ou pat ap vle konnen bagay lèd sa a."

Moso vyann ki kole sou yon bwa san pitye, pikèt an fè travèse zo ak dènye rès nè yo, jwenti rache nan ranpalsman yo ak fòs kadav ki vle sòt tonbe, imilyasyon an piblik devan je fanmi, zanmi ak tout moun. Se sa lanmò sou kwa te ye e Women yo te rele " poto kifè moun wont, " bwa sèch la" kwa ki pi mechan an (maxima mala crux). Oubyen tankou gek yo te di l ak mepri " stauros" la. Vrèman se sèten, pèsonn pat pale sou li. Se sèten paran yo te bouche je pitit yo pou pat wèl. Stauros la te yon bagay degoutan e moun ki te mouri sou li a te degoutan tou. Yon vil kriminèl, sèl jan yo te ka itilizel se te pandye l la kòm yon avètisman pouri santi pou nenpòt lòt moun ki ta vle swiv egzanp li a.

Men kòman Jezi te mouri

Men krisifiksyon sa pat janm sanble ak sa pèsonn potko wè. Tout bagay di nonm sa ki pandye sou kwa sa a pat yon moun òdinè. Gen yon bagay moun pa kon wè kap pase la a.

Dabò gen fason Jezi te aji pandan li te pandye sou kwa a. sa l te di moun ki bò kote l yo. Majorite kriminèl yo te egzekite sou kwa Women yo te konn pase dènye èdtan nan lavi yo swa ap mande gen pitye pou yo, ap joure sòlda ak moun kap gade yo, ou tou senpleman ap plenn ak doulè yo. Se pa Jezi. Menm lè li te pandye la a li tap sibi jouman chèf jwif yo, moun kite krisifye bò kote l yo tap pase l nan betiz, sòlda Women yo te fè ekspre meprizel, li te genyen lanmou pou moun yo ki tap touye l la. Lè youn nan mesye ki te krisifye bò kote yo te sanble rekonèt li pou moun li te ye a, Jezi te di l : " se vre wi jodi a ou avèk mwen nan paradi."[15] Pandan sòlda yo tap tire osò nan pye kwa a pou pataje rad li a li gade syèl la e li priye "Papa padonnen paske y opa konn sa yap fè."[16] Moun sezi wè menm lè li tap mouri pandye li te renmen yo, li tap sove yo e li tap bay espwa ak moun ki te bò kote l yo.

Gen lòt fason anko li te sipòte lè moun tap pase l nan rizib. Yo pase l nan rizib san rete. Women yo te kòmanse fè sa lè yo tap fwete l, yo tap abiye l ak yon mòso rad wouj. Yo mete yon wozo nan men l pou sèvi l baton e yo trese yon bann pikan nan yon kouwòn yo peze antre nan tèt li. E yo bese tèt devan l pou yo opase l nan derizyon, yo di l : " sali wa Jwif yo !" Yo te fè sa pou imilye tout nasyon jwif la, an menm tan yo tap moke Jezi, e malgre pandan l sou kwa a, pwòp pèp li a te antre nan ridikilize l tou. Yon moun te di l " Si ou se pitit Bondye vre desann sou kwa a" e yon lòt di l : " li te sove lòt moun, li pa ka

(15) Lik 23:43
(16) Lik 23:34

sove tèt li. ‘’ Pou tout bagay sa yo Jezi pat bay repons. Menm si l te konnen anpil nan bagay yo tap di yo se te vre kanmenm, li te sèlman sipòte sa.[17]

Lè sa li te vin fè nwa. Moun ki ekri liv levanjil yo di nou, soti sizyèm pou rive nan nevyèm lè a. sa kite vle di soti depi vè midi rive vè twa zè nan aprè midi, yon gwo fè nwa kouvri tout Jerizalèm. Anpil lank koule pandan istwa sa pou eseye eksplike sa fè nwa sa te ye. Petèt li te yon eklips, ou byen yon tanpèt pousyè ou men yon aktive vòlk-an. Men moun ki te wèl rive a te konprann ke se Bondye menm ki tap aji. Lik di nou tou senpleman : ‘’limyè solèy la pat klere‘’.[18]

An reyalite tenèb ki te kouvri tè a nan jou sa a se te yon senbòl pwofon de sa k tap pase sou lakwa lè Jezi te mouri. Nou wè plizyè e plizyè fwa nan bib la, tenèb se fason yo dekri jijman Bondye. Se jan lanmò ak tonbo fènwa a. La sou mòn Golglta a tenèb jijman sa te vlope Jezi pitit Bondye a, sèvitè kap soufri a.

Matye di nou lè Jezi monte li rele byen fò ‘’ Eli, eli lema saba-ktani ? ‘’ Ki se fason li di an Arameyen : ‘’ Bondye mwen, Bondye mwen poukisa ou te lage m konsa ?”[19] La li te resite yon pati nan Sòm 22, yon kote wa David tap soufri senbolikman nan plas Izrayèl. Men kisa Jei te vle di la a ? Li te vle di nan moman an anba tenèb jijman an li te reprezante pèp li a pandanl te pran sou

(17) Matye 27:29, 40, 42
(18) Lik 23:45
(19) Matye 27:46

nanm li pinisyon yo te merite a. Pou Bondye te abandone, separe ak yo, chase yo lwen li, pa ba yo dwa pou yo vin jwenn epi kite yo tonbe nèt. Ou we pandan li te pandye sou kwa a, tout peche pèp Bondye a te repoze sou Jezi e se pou yo li te mouri, nan plas yo, kòm chanpyon yo, ranplasan ak wa yo.

Se konsa santans lanmò ki te pwononse an premye nan Jaden Eden nan te egzekite. Malediksyon an te frape, Jezi pitit Bondye te wè papa l te abandone l pou peche nou peche pèp li a e ak yon gwo rèl. Kote l te di : " se fini " li te mouri.[20] Sa ki te rive aprè apat manke bèl. Matye di nou rido tan plan , yon rido ki antre sòti a e ki gen swasant pye nan wotè ki te separe pèp la ak kote ki pi sen an, kote prezans Bondye te rete a te fann anwo rive jis anba.[21] Avèk sa Bondye te fè limanite konnen egzil kite mete yo lwen prezans li depi lontan an te fini pou tout tan. Aprè anpil milenyòm konsa depi jou Adan ak Èv te gade dèyè pou premye fwa a ak dlo nan je. Lè yo te chase yo nan jaden an lèzòm te byenvini yon fwa ankò kote ki pi sen an, e yo kapab antre nan prezans Bondye.

Sèvite kap soufri a, Wa tout wa yo, chanpyon limanite a te akonpli misyoin li. Avèk lavi li te fè tout sa lajistis te mande. Avèk san li, li te peye pèn pèp li a te merite pou peche yo. Li te chavire viktwa Satan an. Li sove moun li yo yon fwa pou tout.

E kounye a li te mouri.

(20) Jan 19:30
(21) Matye 27:51

Chapit uit (8)

SENYE KI RESISTE, EPI KAP RENYE A.

De kriminèl ki te krisifye menm lè ak Jezi yo te vivan toujou, e li te kòmanse fè tan an vandredi sa, nan nenpòt lòt vil, Women yo te ka kite yo pandye sou kwa yo pandan tout nwit la, petèt yo te ka ba yo ti moso manje ak ti gout dlo jis pou rete vivan e pou yo soufri kèk jou. Fwa sa yo te deside pa fè sa malgre se pat lavil Jerizalèm yo te ye. Menm lè Women yo te konn kenbe pèp yo a domine yo anba pye, yo te konn gen enpe respè pou tradisyon relijyon moun y ap domine yo. Se konsa yo te fè pou Jwif yo, Women yo te dakò pou swiv jou repo ke Jwif yo te pran chak semèn nan. Saba a ki te kòmanse vandredi lè solèy ap kouche pou fini Samdi lè solèy ap kouche. Kidonk lè Jwif yo mande gouvènè a poul fè yon bagay pou l asire kadav yo pap rete sou kwa a pandan saba a gouvènè a te dakò.

Sa vle di twa mesye ki te mouri yo te dwe mouri byen vit, donk yo te pase sòlda yo lòd pou fè sa yo rele '' crucifragium. '' Nan yon sans se te yon mizerikòd sadik lè sòlda te monte bò kote youn nan moun ki te kloure yo, a kote Jezi yo, vire manch lans li nan pyel yo epi li kraze jarèt li yo. Nonm nan te rele anba doulè a men agoni li ta pral fini pi vit kounye a. paske li pat ap ka rale souf ankò nonm nan ta mouri nan kèk minit. Yo te fè lòt nonm nan menm bagay la tou, men lè yo rive sou Jezi, lans nan men, sòlda yo te reyalize li te deja mouri. Sa te fè yo sezi, dòdinè moun ki krisifye yo pat konn mouri vit konsa, kidonk pou l fè sèten, youn nan sòlda yo leve lans li e l foure l fon bò kòt Jezi. Lè l rale l yon melanj san ak dlo te soti nan plas blesi a, se te yon siy sèten pèsonn moun pa k doute ke li te mouri.

Kèk nan moun ki tap swiv Jezi yo, pami yo manman l, te la sou mòn Golgota ap gade tout bagay sa yo. Yo te wè lè sòlda yo te kloure ponyèt li nan kwa a, answit yo te antre yon lòt pikèt an fè nan pye l yo. Yo te wè le yo leve kwa a mete l nan plas li, yo te wè solèy la tenyen a midi, yo te tande Jezi rele nan soufrans li, lè l te eksperimante Bondye kite abandone l, yo te tande l di travay li fin fèt. Yo t ap gade lè l bese tèt li epil mouri a. e kounye a yo te la pou dispoze kò li. Women yo pat fè l pou yo.

Youn nan moun ki te konn suiv Jezi yo , yon nonm rich yo te rele Jozèf moun Arimate, te kenbe kwayans li nan Jezi jiske la, men pou nenpòt rezon li te deside pou l te parèt an piblik ak li nan moman sa a. donk li ale mande gouvènè si li ka pran kò Jezi an chaj. Jozèf te gen yon tonm tou nèf nan yon jaden tou pre a, e li te vle depoze kò Jezi ladan l. Pilat te bay pèmisyon, konsa Jozèf ak kèk lòt nan disip Jezi yo te kòmanse travay repiyan pou prepare kò li epi pou yo antere l. yo te desann li sou kwa a epi yo te rache pikèk an fè yo nan men li ak nan cheviy li yo e kouwòn pikan kite sou tèt li a, yo te kraze l mete l a kote. Lè sa mesye yo te kòmanse anbome kò li avèk epis ak lwil. Yon ekriven di nou se swasantkenz liv melanj sa.[1]

Solèy tap kouche, konsa yo pa te kapab fini travay la. Yo ta gen pou retounen dimanch maten byen bonè aprè saba a te fini. Pou kounye a yo sèlman vlope kò Jezi nan kèk rad, yo charye l pote l nan tonbo a, e yo depose l andan l. epi yo woule yon gwo wòch devan bouch tonbo a epi yo al lakay.

Souvan mwen mande m kisa jou samdi sa te vle di pou moun kite bay la vi yo pou y oye swiv Jezi pandan twa dènye ane yo. Asireman evènman ki pase nan jou sa yo ap vire nan lespri yo, yo tap mande tèt yo kisa yo tap panse konsa. Pou tout pwomès yo, mirak yo, deklarasyon yo se te fini. Mwen sèten yo te gen anpil kesyon anpil nan yo, men sa yo te konnen klè ke Jezi te mouri kounye a, menm jan ak nenpòt lòt moun. Women yo te fèl, tounen yon

(1) Jan 19:38-41

egzanp piblik ki te ka fè nenpot moun pè, e diranjan jwif yo te debarase tèt yo ak yon lòt pwoblèm. E espwa yo te mete totalman nan Jezi, sila yo te espere ki se te Kris la pitit Bondye vivan an te mouri.

Donk mwen mande kisa jou samdi sa te sanble. La Bib di nou disip yo te gaye apre Jezi te fin antere, e li sanble ke majorite nan yo te al kache. Otan ke nou konnen, sèlman yon ti kantite nan yo, ki te prezan jou krisifiksyon an. Dayè yo te gen rezon enkyete pou panse ke otorite yo ta pral vin tou talè konsa dèyè moun ki tap swiv " Fo mesi " si la, epi tiye yo tou. Yo te ret kache lakay yo ou byen kay zanmi yo, yo tap espere chape poul yo anba kòlè Wòm. E asireman yo tap kriye. Kiyès lòt bagay ou konn fè lè tou sa w te mete espwa w nan yo, vin parèt kòmsi yo pat plis pase yon rèv, yon souwè ki evapore nan van an ?

Jezi " pitit Bondye", " Kris la " , " Wa Izrayèl la ", " Eritye David la " Dènye Adan an ", Sèvitè kap soufri a. "

Tout sa se te yon rèv

Sa sete yon tris reyalite

Jezi se te yon bòs chanpant

Moun nazarèt

Li te zanmi yo

E kounye a li mouri.

Se sa Mari ak lòt medam yo te dwe santi, yo menm tou, nan Dimanch lè yo ta prale bò Tonbo Jezi a. Yo pa ta prale nan maten sa pou wè Jezi kimte kenbe pwomès li te pèmèt li leve pami mò yo. Nan moman sa yo pat menm sonje li te di bagay konsa. Non, yo ta prale pou fini travay anbome kò a paske yo pat gentan fini l Vandredi. Donk kounye a nan premye chans yo te genyen yo ta pral nan tonbo pou yo al anbome yon kadav ki te gen de jou depil krisifye.Se sa k te nan tèt yo, yon maten ki te fè pè, ki tris ki pa fè kontan ditou. Men se pa te sa yo te twouve.

Anreyalite sa yo te wè lè yo te rive bò tonbo a te choke kè yo, e li te chanje Istwa mond lan. Men kijan Mak rakonte l :

Aprè saba a te fin pase, Mari moun Magdala a, Mari manman Jak ak Salome te achte epis, pou yo te al benyen l. epi byen bonè nan maten, premye jou nan semèn nan, lè solèy fin leve, yo te ale nan tonbo a. Epi youn tap di lòt : " ki moun ki va woule wòch sa pou nou pou retirel devan tonbo a ? " Lè yo te leve je yo, yo te wè wòch la te déjà woule. Li te gwo anpil. Lè yo antre nan tonbo a yo wè yon jèn gason chita sou bò dwat, li gen yon wòb blan sou li, e yo te vin pè. E li di yo : " nou pa bezwen pè, nap chache Jezi moun Nazarèt la, si la yo te krisifye a. Li leve li pa isit la. Gade plas kote l te kouche a. Men, li ale di disip yo ak Pyè li al tann yo Galile. Se la nou va wè li jan li te di nou an.[2]

---

(2) Mak 16:1-7

Sa te pran tan pou reyalite a te parèt a klè. Dayè yo pat wè Jezi, se jènn gason sa yo te wè ak wòb blanch lan, yon zanj ki di yo ke Jezi vivan. Medam yo te kouri byen vit al di disip yo sa, e yo te wè rad mò Jezi yo te byen vlope a kote. Alò yo retounen lakay yo, yo te etone yo t ap poze tèt yo kesyon e yo te gen yon fanm ki te rele Mari Madlèn, ki te disip depi lontan. Se li an premye ki te we Jezi lè l te fin resisite a. lè lot disip yo te kite tonbo a, Mari te rete dèyè li tap kriye. Li fè yon ti rete pou l gade nan tonbo vid la, li te sezi wè zanj kounye a kote Jezi te kouche a. yo mande l : " madanm pouki wap kriye konsa ? " Li reponn yo " yo retire Senyè mwen an, mwen pa konn kote yo mete l "[3] Kounye a fè yon ti rete yon segonn e konsidere sa: menm aprè tout bagay sa yo te fin pase wòch la te woule byen lwen tonbo vid la, zanj lan te di yo Jezi pa nan mitan mò yo ankò. Yo te plizyè kilomèt byen lwen moun Nayif yo te vle fè pase pou li a. Pandan Mari Madlèn t ap rele byen fò, li te menm gade yon zanj anfas pou l di l opinyon l se ke gen yon moun ki retire kò li. "

Nan moman sa, jan ekriven-an di nou, Jezi te parèt dèyè l'. Li pat konnen se te Jezi. Okontrè, li te panse se te gadyen jaden-an. Jezi mande l' : " Madanm pouki w'ap kriye konsa ?" Lè sa Mari di li : " Mesye, si se ou ki te retire l', dim ki kote w te mete l'."[4] Li sipoze, gadye jaden an te ka retire kò-a,pou kèk rezon. Jezi pa't reponn kesyon-an.

---

(3) Jan 20:13
(4) Jan 20:15

Lè-a te rive pou Mari konnen.

Donk Jezi di li :"Li site non l' ak tout lanmou,konpasyon ak pouvwa li te toujou site l'. E lè sa Mari te konnen." Li vire eli di nan lang Arameyen ;"Robouni !"(ki vle di pwofesè).[5] Se te li ! Anfen, men Jezi yo te krisifye-a,li vivan ankò !

Pandan 40 jou ki suiv evènman sa-a, Jezi te retounen plizyè e plizyè fwa kote disip li yo, kèk fwa nan ti gwoup, kèk lòt fwa nan gwo foul moun. Li te pale ak yo endividyèlman. Li te anseye yo, li eksplike yo siyifikasyon tout sak' te pase-a, e li ede yo kwè se li menm vre ki la ! Lè yo t'ap mande si li se revenan, li te manje pwason devan yo. Lè Pyè te santi l kraze nèt lè l sonje fason l' te renye Jezi, Jezi te padone l. yonn nan disip yo, Toma, te rive menm di li pa t'ap janm kwè Jezi te resisite vre, toutotan li pa t mete dwèt li nan mak klou yo, e men li kote yo te blese l' bò zo kòt la. Epi aprè yon semèn konsa, pandan yo tout te ansanm, e tout pòt te fèmen, Jezi te parèt nan mitan yo. Se pa frape l' te frape nan pòt la pou l antre. Non, moun ki te la yo di li sèlman...vini... epi li te la ! imedyatman Jezi te vire gade Toma e li te lonje men l' ba li e li di : "Mete dwèt ou la, epi gade men m yo ; lonje men w, epi mete bò zo kòt mwen. Pa doute tande, men kwè." Toma te sezi anpil. Yon sèl kou li te konnen e li te di Jezi : " Senyè mwen e Bondye mwen! "[6]

---

(5) Jan 20:16
(6) Jan 20:27-28

Nou dwe reyalize moun sa ki kanpe devan yo kounye a se pat yon moun ki sot reyanime kòm sil pat fin mouri nèt sou kwa a, epil fè yon jan pou l leve ankò. Li pa te menm yon moun ke yo te rele sòti nan lanmò, tankou pitit gason vèv la ou byen Laza. Non, nan ka Jezi a se te plis tankou li te travèse lanmò epi sòti sou lòt bò. Blesi yo te la toujou men yo potko bezwen trètman ni gerizon. Kounye a yo te la kòm prèv kouman lanmò te pran l pou yon moman, epi kòman li te gen viktwa sou lanmò. Pou disip yo sa te vle di tout bagay chanje. Dezespwa fè wout pou triyonf, lanmò fè plas pou lavi, kondanasyon kite plas li pou Sali, e yon echèk ki fè wont sede plas li pou la viktwa nan la glwa.

Jezi te vivan.

Rezireksyon Jezi a :
Sou kisa l vire, sou kisa l chita, epi ak kisa l fini ?

Pandan syèk yo anpil moun pat kwè nan rezireksyon Jezi a, gran kesyon moun te toujou poze sou sa ap gen anpil konsekans. Panse sou sa : si vrèman Jezi te leve aprè yo te fin krisifye l, alò gen yon bagay ki rive la ki ta kapab fè moun mouri ak sezisman e nou tout ta dwe koute l paske tout sa l te janm deklare sou li menm. Tankou li se pitit Bondye, Wa tout wa yo, Senyè ki bay la, Sèvitè kap soufri a, dezyèm moun nan trinite a, se te vre. Yon lot bò si li pat resisite bon alò bliye sa. Tout bagay fini li pa te dwe devni gwo zafè nan listwa limanite, e nou tout kapab kontinye viv menm jan paske Jezi te sèlman youn nan plizyè mil jwif nan premye syèk la ki fè gran dizè sou tèt li epi li te mouri pwen final.

Eske w wè poukisa kretyen yo bay sa tout valè sa a ? Rezireksyon an se pwen santral relijyon kretyèn nan. Tout bagay toune otou de li, li se fondasyon e tout bagay repoze sou li. Se wòch kwe ki kenbe tout lòt bagay ansanm nan relijyon kretyèn nan Sa vle di ak anpil enpòtans lè kretyen yo deklare Jezi te leve soti nan lanmò. Yo fè yon deklarasyon istorik se pa yon senp deklarasyon la relijyon. Wi li klè gen enplikasyon bagay relijyon nan deklarasyon sa, si ou vle rele yo konsa men pa gen youn nan yo ki tap gen ti kras valè, si Jezi pa te leve soti vivan nan lanmò reyèlman, istorikman. Menm premye kretyen yo te konprann sa. Yo pa te sèlman kreye yon bèl relijyon sèlman pou ankouraje moun, ede yo viv pi byen, e petèt ta menm founi yo yon espwa senbolik pou retire yo nan dezespwa e ede yo sipòte tanpèt lavi sa. Non, premye kretyen yo te fè tout moun kwè reyÈlman ke Jezi te leve soti nan lanmò (tonbo) a, e yo te konnen yo menm, si li pa te fè sa alò tout bagay yo tap defann tap vid, fo, e totalman san valè. Se tankou Pòl te di nan youn nan lèt li yo : " si Kris pat resisite alò predikasyon nou an tap anven… si Kris pat resisite la fwa nou pat ap gen valè e nou tap nan peche nou toujou… si se nan latè nou gen esperans la sèlman nou moun ki pi malere pami lèzòm."[7] Antouka si Jezi pat leve pami mò yo, kretyen se yon bann moun malad.

(7) 1 Korentyen 15:14-19

Men lòt bò pyès monnen an, si Jezi te vrèman leve pami mò yo alò chan èt imen fè fas ak nesesite pou kwè nan sa Jezi te di pou rekonèt li kòm wa e pou soumèt devan l kòm Sove e Senyè, epi natirèlman zanmi mwen ou ladan l tou.

Se pou sa li enpòtan pou ou wi ou menm kap li liv sa. Pou pran desizyon sou sa w panse de rezireksyon Jezi a. li pa sifi sèlman pote jijman sou yon bagay konsa. Ou bezwen ba l atansyon w epi deside dwat " wi mwen panse sa te rive vre. Mwen panse Jezi te leve pami mò yo epi mwen kwè li se moun li te di li ye a." Ou byen ou di " non, mwen pa kwè sa te rive epi mwen rejte sa l te di yo". Kèk fwa ou tande moun di sedwa yo pou yo pa gen opinyon sou rezireksyon an paske yo pa ka jwenn la verite sou relijyon yo. Men kòm nou te di avan : kretyen pa ap fè yon senp deklarasyon relijyon lè yo di Jezi te sòti vivan nan lanmò (tonbo). Sa se yon deklarasyon istorik.yo di li te rive vre e li reyèl Jil Seza te lanperè Wòm. Se yon sòt deklarsyon moun ka panse sou li e envestige sou li ; yo ka jije l, e ou ka pran yon desizyon sou li. Eske w panse li te fèt ou non ? Men verite ki fondamantal pou nou kretyen li te fèt. Nou pa panse ke disip yo te eksperimante yon sòt de alisinasyon an gwoup. Sa pa menm fè sans lèn konsidere yon fwa ke moun yo te wè Jezi pandan ki peryòd e nan konbyen gwoup moun diferan.

Nou menm tou nou pa kwè sa yon erè. Dènye bagay chèf jwif yo te vle fè se yon rimè sou yon mesi ki tap flote anlè a, donk premye bagay yo ta fè an fas yon rimè konsa, Se te prezante yon kadav pou fè fo bri sispann. Yo pat janm fè sa. Epi yon lòt bò, si Jezi te fè yon jan poul pat mouri vre nan krisifiksyon an, kòman egzakteman li sanble nonm sa ki ta ap bite, ki blese grav, ki te krisifye, pèse ak kout lans, kòman l tap fè konvenk moun ki avan sa tap swiv li yo, epi kite vin gen tèt di, dirakwa, kòman ta fè konvenk yo li se Senyè ki bay lavi a, sila ki gen viktwa sou lanmò a? Mwen ta di sa pa sanble posib anpil.

Pou rezon sa a nou menm kretyen nou pa panse disp yo te fè yon riz ou byen yon konplo nan bagay sa, si yo te fè, kisa egzakteman yo tap eseye twouve ladan l ? E poukisa yo pat lese l tonbe lè yo te wè klèman li pa tap ba yo rezilta yo tap chache a. petèt pa egzanp jis avan Women yo te koupe tèt yo oubyen antre klou nan pwòp ponyèt yo.

Non sa pat yon alisinasyon, ni yon erè, ni yon konplo. Te gen yon lòt bagay ki pase e se te yon bagay ki gen pouvwa pou fè mesye kapon, septik sa yo, tounen mati pou Jezi, yo tèlman te kwè nan sa yo te wè a, yo te prèt pou parye tout bagay pou li, soufri tout bagay e menm matirize yo amò pou yo te ka di lemonn : " nonm sa, Jezi ki te krisifye a men kounye a li vivan."

Otorite pou dirije, e Jije e Sove.

Aprè premye dimanch sa, Jezi te pase karant lòt jou yo ap anseye disip li yo, e li voye yo pwoklame wayòm li an nan le mond. Epi li monte nan syèl. Kounye a sa kapab sanble pou ou, yon lòt pakèt langaj ki pa vrèman vle di anyen. Men ekriven biblik yo pa te wè l konsa ditou. An reyalite, yo dekri monte jezi nan syèl la ak mo ki pi literal ou ka imajine.

Pandan yo t ap gade, li monte e yon nyaj bare l nan je yo. E pandan yo te fikse je yo nan syèl la konsa de mesye abiye ak wòb blanch parèt devan yo e di yo : " Mesye Galile yo, pouki nou rete ap gad syèl la konsa ? Jezi sa a nou wè ki sòti nan mitan nou ale nan syèl la, l ap retounen menm jan nou wè l te al nan syèl la.[8]

Se jan de bagay sa ki te fè disip yo rete ak kou yo lonje anlè ap gade nyaj yo ap mande kote Jezi ale. Se pat sèlman an espri Jezi te monte se nan kò li tou.

Men siyifikasyon monte Jezi nan Syèl la pi enpòtan ankò. Gade se pat sèlman pou Jezi retire kò l alèz sou sèn nan. Se te Bondye ki t ap entwonize l epi envesti ak plan otorite pou l dirije ak jije epi mèveyezman pou l sove moun. Si ou rekonèt tèt ou kòm yon pechè ki merite kolè Bondye pou rebelyon w kont li, alò lè Jezi chita sou twòn linivè, se yon nouvèl ki ka fè moun etone tèlman l bèl. Li vle di gran Wa ki finalman pral jije w e pwononse santans li sou ou, se li menm ankò ki renmen w, e ki envite w resevwa nan men l kounye a Sali li, mizerikòd li ak gras li.

Se sa Bib la vle di lè li di, " nenpòt moun ki rele non Senyè a ak tout kè l ap sove. "[9] Sa vle di Jezi ki resisite a e Wa kap renye a,

---

(8) Travay 1:9-11
(9) Romen 10:13

sila Bondye te bay tout otorite nan syèl la ak sou tè a, li gen dwa ak otorite pou sove moun anba peche.

Kisa wap fè kounye a?

Kounye a, kite m poze w yon kesyon. Si tout bagay sa yo se vre reyèlman, alò kisa ki vini aprè pou ou? Si reyèlman Jezi te leve pami mò yo, si reyèlman li se moun li te pretann li ye a, alò kisa w ap fè kounye a ?

Kite m di w sa Jezi te dwe fè. Li pa ni difisil ni konplike, e nou konnen sa li ye paske Jezi di l trè klèman. Plizyè e plizyè fwa pandan l t ap anseye moun yo, li te renmen yo, li mete l anfas yo ak peche yo, li te di yo kiyès li ye, li di yo li kapab sove yo,li te di yo li vle yo kwè nan li, ann di pou yo gen la fwa nan li. " Repanti e kwè nan levanjil la "se sa l te di. Youn nan ekriven biblik yo te ekri " paske Bondye te tèlman renmen le mond, li te bay sèl pitit li a, pou nenpòt moun ki kwè nan li pa peri men l ap gen lavi ki pap janm fini an. "[10]

Li tris pou w wè pou majorite moun jodi a, mo kwè ak la fwa pèdi siyifikasyon yo. Pou nou gen mo lafwa ak kwasans se te mo serye ki te gen pisans. Yo te pale ak fòs reyabilite, fidelite ak konfyans nan yon moun ki te bay prèv li merite l. Se sou bagay sa Jezi tap pale lè l te di pèp la pou " kwè " nan li. Li pa te di ou ta

(10) Mak 1:15; Jan 3:16

dwe sèlman rive rekonèt li egziste ; li te vle di w ou dwe repoze w sou li. Ou ta dwe gade deklarsyon l yo, pawòl li yo e aksyon li yo, epi deside si w panse l merite w fèl konfyans si l merite pou plante, pou riske lavi w nan li.

Men kisa sa vle di ? Pouki bagay egzakteman nap fè Bondye konfyans? Ebyen tout istwa Bib la kòm nou te wè, anseye nou, nou tout rebèl kont Bondye. Nou fè peche kont li, nou vyole lwa li yo, e nou voye otorite li gen sou lavi nou yo jete nan yon milyon fason diferan, e akòz peche sa, nou merite pèn peche sa te toujou pote selon lajistis. Se lanmò wi nou merite, mouri nan kò nou, men sa ki pral pirèd ankò pou Bondye vide kòlè san limit li a sou nou. Lanmò se salè peche nou te fè nou merite.

Sa a tou pa vle di lafwa nou nan Jezi pa gen rezilta nan la vi nou. Non, lè w mete lafwa ou nan Jezi pou rekonèt li kòm ranplasan w ak reprezantan w, ann di ou rekonèt li kòm Wa e sa vle li gen pou l egzèse otorite l nan lavi w, lap envite w vire do bay peche ak rebelyon kont Bondye. Vire do bay peche sa a se sa Bib la rele REPANTANS. Li vle di ou deklare lagè ak peche e wap fè efò pou w grandi nan dwati, pou w ka sanble ak Jezi plis chak jou. Men se pa kòmsi ou fè sa ou menm sèl. Lè w fè youn ak Jezi nan lafwa, Bib la di Sentespri a, ki se twazyèm moun nan trinite a vin abite nan ou e se li kap ba w pouvwa ak dezi pou w goumen kont peche epi fè efò pou viv nan la dwati.

Donk se sa sa vle di gen lafwa nan Jezi ? Sa vle di repoze w sou li pou l sove w lè pa gen mwayen pou w sove tèt ou. Sa vle di ou rekonèt ou pa gen espwa sou tèt ou pou kanpe devan Bondye e pou sibi santans lanmò ki kanpe kont ou, an tout jistis, ankò mwens pou Bondye deklare ou dwat lè l gade liv kote tout sa w te fè nan lavi w anrejistre. Men li vle di tou ou kwè ke Jezi te déjà satisfè santans lanmò a nan non yon peche kon ou, li déjà gen deklarasyon jistis ki pou di ou dwat la, e sèl espwa ou se pou w repoze sou li a 100 % pou l kanpe pou ou kòm ranplasan w. Se sa Jezi ki wa a ki te leve sòti nan lanmò e kap renye depi nan syèl la envite chak moun fè. Se yon envitasyon pou tout moun, san eksepsyon, san fòs kote. Jezi wa a pap toujou rete ak bra l ouvè men kounye a li disponib. Sè l kesyon an, se eske n ap pran men l, tonbe sou jenou w devan l ak rekonesans, epi fè l konfyans pou l kanpe pou ou anba jijman Bondye. Oubyen eske ou deside kanpe pou tèt ou anba jijman an.

Se ou ki pou chwazi toutomwens pandan yon ti bout tan.

POU FINI
KIYES OU DI LI YE ?

O mwens pans pandan yon ti bout tan. Se pat sèlman yon bèl pawòl. An reyalite Jezi Wa a pap chanje men mizerikòd li la pou tout tan. Yon jou petèt avan lontan jou mizerikòd la va fini e jou jijman an va vini. Jezi te pwomèt pandan lanmò li sou kwa a tap parèt pi pre, li tap retounen pou vin jije tout moun yon fwa pou tout. Jou Sali a ak mizerikòd ak gras la ap pwolonje toujou, e sa vle di yon jou ou pap kapab chwazi ankò. Yo va fè l pou wè chwa yo va fè pou ou a, yo va chase w lwen Bondye lwen Jezi pou tout tan.

Se pou sa li enpòtan pou w reponn kesyon sa kounye a : " Kiyès Jezi ye ? " Mwen espere pandan w tap li liv sa ou te reyalize siw pa t reyalize lòt bagay, se pa yon kesyon ou ka fèmen Je sou li jantiman. Nenpòt sa ou panse finalman sou Jezi li rete vrè, li fè gwo deklarasyon ki pa kite w akote, sou ou menm ak relasyon w ak Bondye. Se sèten ou ka bouche zòrèy ou devan deklarasyon sa yo, ou ka inyore nenpòt bagay si ou fè efò pou sa. Men lè yon moun di, ‘’ ou se yon rebèl kont Bondye ki te fè w la, e santans li pwononse kont ou se lanmò. Men mwen te vini pou kanpe nan plas ou pou m pran pèn ou an e pou m sove w, ‘’ asireman se yon bagay ou dwe bay atansyon w.

Petèt ou poko prè pou mete la fwa w nan Jezi. Si se sa, pou ki w pa fèl ? kiyès lòt kesyon ou genyen ? kisa ki anpeche w ? Lè ou idantifye bagay sa yo, pa kite yo, egzaminen yo pou swiv yo. Twouve repons pou kesyon w yo. ‘’ kiyès Jezi ye ? ‘’ Pwen pou diskite sa gen yon enpòtans kapital. Pa inyore l ou mete l akote. Si ou rive nan konklizyon , ‘’ non, mwen pa kwè ke Jezi se moun Bib la di li ye a, m pa kwè lot moun li te retann li ye a, ‘’ alò se konsa. Omwens gen enpe solidite nan sa.

Men zanmi mwen men sa m ap mande w : nan jou jijman an piga yo jwenn ou ap di ‘’ mwen te dwe egzaminen kesyon sa ; mwen te dwe pouswiv li, mwen te pran tan pou m te trouve yon repons. ‘’ Nan dènye jou a, menm si w gen lòt regrè sa va pi grav pase yo.

Yon lòt bò, petèt ou prèt pou di ‘’ wi mwen vrèman kwè Jezi se Wa, li se pitit Bondye a, mwen rebèl kont Bondye, em konne m merite lanmò pou rebelyon sa, e mwen konnen Jezi kapab sove

m. '' Si se konsa, ou bezwen konnen se pa yon bagay difisil pou devni kretyen. Pa gen okenn fòm seremoni pou w fè, okenn pawòl espesya l pou w di, okenn travay pou fè. Ou sèlman vire do bay peche epi w met konfyans ou nan Jezi, ou apiye sou li, ou konte sou li pou l sove w.

E ansuit ou di lemond sa men ki moun Jezi ye.

Li se sila ki sove moun tankou mwen epi tankou ou !

O SIJE DE SERI ETID YO.

Seri liv 9 Mak yo repoze sou de lide de baz. Tou dabò, legliz lokal la pi enpòtan anpil pou lavi kretyen an pase sa petèt anpil kretyen jounen jodi a reyalize. Nou menm nan 9 Mak nou kwè yon kretyen an bòn sante, se yon manb legli an bòn sante.

Dezyèman legliz lokal yo ap grandi nan lavi yo ak nan vitalite pandan yo ap òganize vi yo santre sou pawòl Bondye a. Bondye pale, legliz yo ta dwe koute epi suiv. Se senp konsa. Lè yon legliz koute epi li suiv li kòmanse sanble ak sila l ap swiv la. Li deplwaye glwa li. Yon legliz va sanble ak li pandan l ap koute l. avèk senbòl sa a lektè a kapab remake tout " 9Mak " yo, ki soti nan liv Mark Dever a Nèf Mak yon legliz an bòn sante (Crossway, 3e edisyon, 2013) Kòmanse avèk Bib la.

Predikasyon ekspozitwa

Teyoloji biblik

Konprann levajil la daprè Bib la

Konprann konvèsyon daprè Bib la

Konprann evanjelizasyon daprè Bib la

Konprann kòman pou manb legliz la daprè Bib la

Konprann disiplin legliz la daprè Bib

Konprann kòman pou w grandi ak fè disip daprè Bib la

Konprann kòman pou dirije legliz daprè Bib la.

Moun ka di plis bagay sou kisa legliz dwe fè pou li ansante, pa egzanp priye. Men 9 pratik sa yo, se yo nou kwè ki plis neglije jodi a (sa diferan pou lapriyè). Donk mesaj de baz nou pou legliz yo se, pa gade sou ki pratik ki bay plis benefis nan komès ou byen ki estil ki apèn parèt ; gade Bondye. Kòmanse koute pawòl Bondye a ankò.

An plis de pwojè rezime sa, nou jwenn seri liv 9Mak yo. Li sa yo ekri ak entansyon pou egzaminen nèf mak yo ak plis atansyon e nan diferan pozisyon. Gen nan yo ki vize pastè yo, kèk lòt se manb yo. Nou espere yo tout va konbine egzamen biblik atantif, refleksyon teyolojik konsiderasyon kiltirèl, aplikasyon ansanm, e menm enpe egzòtasyon pèsonèl. Pi bon liv kretyen yo toujou teyolojik e pratik a lafwa.

Priyè nou se pou Bondye itilite li sa ak lòt yo pou ale ede prepare fiyanse li a, legliz avèk bèl limyè ak gran ekla pou jou lap vini an.

Lòt li liv 9Mak yo:

Kominote ki atire moun nan : kote pouvwa Bondye rann yon legliz atiran – Mark Dever ak Jamie Dunlop (2015)

Pastè a ak konsèy li ka bay : prensip de baz pou pran swen man ki nan bezwen – Jeremy Pierre ak Deepak Reju (2015)

Kiyès Jezi ye? – Greg Gilbert (2015)

Twouve ansyen ak dyak ki fidèl – Thabiti M. Anyabwile (2012)

Eske m kretyen vre? – Mike Mc Kinley (2011)

Kisa levanjil la ye? – Greg Gilbert (2010)

Teyoloji biblik nan lavi lagliz la : yon gid pou ministè – Michael Lawrence (2010)

Enplante legliz, se travay poul mouye : kòman Bondye sèvi ak moun lavi yo te gache pou enplante legliz òdinè kap fè bagay ekstraòdinè – Mike McKinley (2010)

Se byen sa : ekspozisyon sou eskpiyasyon ak ranplasman an – Mark Dever ak Michael Lawrence (2010)

Legliz ak fason moun ka fè lanmou Bondye a wont, Retounen ak doktrin sou manb legliz ak disiplin – Jonathan Leeman (2010)

Kisa Bondye vle nou fè kanmenm? yon rezime rapid sou tout Bib la – Mark Dever (2010)

Kijan yon manb legliz an sante? – Thabiti M. Anyabwil (2008)

12 defi legliz ap rankontre – Mark Dever (2008)

Levanjil ak evanjelizasyon pèsonèl – Mark Dever (2007)

Kisa yon legliz an santé ye – Mark Dever (2007)

Se Mark Dever ak Jonathan Leeman ki pibliye liv sa yo:

Ansyen yo an Legliz: kòman pou w pran swen pèp Bondye a, jan Jezi te fèl – Jeramie Rinne (2014)

Evanjelizasyon: kòman tout legliz la pale de Jezikris – J. Mark Stiles (2014)

Predikasyon Ekspozitwa : kòman pou w pale pawòl Bondye jodi a – David r. Helm (2014)

Levanjil la: Kòman legliz la reprezante bote Kris la – Ray Ortlund (2013)

Disiplin nan legliz la : kòman leglis pwoteje non Jezi – Jonathan Leeman (2012)

Vin manb legliz : kòman le mond konnen ki moun ki reprezante Jezi – Jonathan Leeman (2012)

Konstwi legliz ki an sante

9Mak egziste pou ekipe dirijan legliz yo avèk vizyon biblik ak materyèl pratik pou deplwaye glwa Bondye nan nasyon yo a travè legliz ki an sante.

Nan lide sa, nou vle legliz yo fè rekonèt yo ak nèf mak sa yo ki montre yo an sante :
Predikasyon ekspozitwa
Teyoloji biblik
Konprann levajil la daprè Bib la
Konprann konvèsyon daprè Bib la
Konprann evanjelizasyon daprè Bib la
Konprann kòman pou manb legliz (la) daprè Bib la
Konprann disiplin legliz (la) daprè Bib
Konprann kòman pou w grandi ak fè disip daprè Bib la
Konprann kòman pou dirije legliz (la) daprè Bib la.

Twouve tout tit Crossway nou ak lòt resous ankò nan www.9marks.org

Lòt liv Greg Gilbert ke w ka trouve: KISA LEVANJIL LA YE?

Avèk presizyon nan lespril e yon kè pastè Greg Gilbert te ekri yon liv ki va ede moun k ap fè rechèch, nouvo kretyen, e nenpòt moun ki vle konprann levajil la ak plis limyè. Mwen t ap tann yon liv konsa.

Kevin Deyoung Pastè
(An Chèf Legliz Refòme Inivèsite, Lès Lasing Michigan)

" Ti liv sa a ki ekri sou levanjil la, se youn nan liv ki pi klè e ki pi enpòtan mwen te li pandan dènye ane sa yo. "

Mark Dever, Pastè an chèf legliz Batis,
Capitol Hill, Washinton D.C

Pou plis enfòmasyon vizite sit sa: www.crossway.org trouve kesyon ki pi enpòtan ou kapab poze a.

Crossway

www.crossway.org

Lavi kretyèn nan / grandi easpiritryèlman

Haitian Creole Translation : tradiksyon an kreyòl Ayisyen

Initial Translation: Maxis MICHEL

Helped by: Romain MONDÉSIR

Revizyon Translation: Jean-Claude MATTHIEU

Thank you very much!

Mèsi anpil!

Made in the USA
Lexington, KY
28 October 2019